Konzeption: Heidi Debschütz, Karin Schuh
Text: Heidi Debschütz
Textredaktion: Heidi Debschütz
Illustrationen: Sissi Katefidis
Bildredaktion: Karin Schuh
Layout, Satz: Sissi und Lisa Katefidis
Notensatz: Martin Schuh

© 2008 Schuh Verlag GmbH, Wilhelmstr. 22, 71116 Gärtringen
www.schuh-verlag.de

ISBN 978-3-931862-38-1

MUSIK WISSEN FÜR KINDER

von Heidi Debschütz

Das musikalische Nachschlagewerk
zum Schmökern, Lernen und Entdecken für Kinder ab 7 Jahren

Illustriert von Sissi Katefidis

SCHUH Verlag

Schuh Verlag GmbH Gärtringen 2008

Wir danken unseren Kindern Lisa Debschütz, Lisa und Vanessa Katefidis sowie Martin und Robin Schuh. Ohne eure neugierigen Fragen zur Musik, euren kritischen Blick auf Text und Bild (Stirnrunzeln inbegriffen) und die Musik-Begeisterung, die wir bei euch beobachten und miterleben durften, wäre dieses Buch so nicht entstanden.

Heidi Debschütz, Sissi Katefidis und Karin Schuh

Schreiben allein macht noch kein Buch.
Ich danke Sissi Katefidis, die das gesamte Werk so wunderbar illustriert, ihm mit ihren künstlerischen und empathischen Fähigkeiten eine bildliche Gestalt gegeben und dem Text zusätzliches Leben eingehaucht hat.
Ich danke dem Schuh Verlag und der wunderbaren und inspirierten Karin Schuh, die das Werk mit mir zusammen konzipiert und seine Entstehung in unseren vielen Dialogen stets kritisch und kreativ begleitet hat. Ihr Gefühl für die Musik, vereint mit ihrer einzigartigen Fähigkeit, sich mit Liebe und Sensibilität in die Welt der Kinder zu versetzen, ist ein Glücksfall für die deutsche Musikpädagogik.

Heidi Debschütz

Vorwort

Hallo junge Leserin, hallo junger Leser,

dass Musik etwas Tolles ist, weißt du vermutlich schon längst. Sicher hörst du gerne Musik auf CDs, schaust dir die Videoclips von den Charts an oder gehst – je nachdem, was dir da gefällt – sogar mal in ein Popkonzert, ein klassisches Konzert oder auch in die Oper oder ins Musical. Vielleicht spielst du sogar selbst ein Instrument? Wunderbar! Aber weißt du was? Man hat noch mehr von der Musik, wenn man etwas davon versteht. Wenn du weißt, dass „Drums" das englische Wort für Schlagzeug ist, hast du z.B. schon ein kleines bisschen „Insider-Wissen". Und wenn du hier gelesen hast, dass die Rockmusik aus dem Rock´n´Roll hervorgegangen ist, macht es dir vielleicht Spaß, dir ein Stück von Letzterem einmal aufmerksam anzuhören.
Musikkenntnisse sind der Schlüssel zu einem viel intensiveren Zugang zur Musik.

Mit unserem Buch *Musikwissen für Kinder* kannst du dir jede Menge davon aneignen und gleichzeitig Freude und Spaß beim Erforschen der Musikwelt haben.
Musikwissen für Kinder vermittelt dir grundlegende Kenntnisse zur Entstehung von Schall und Tönen, zur Geschichte der Musik, zu alten und neuen Musikinstrumenten und zu einer Auswahl berühmter Komponisten.
Du erfährst z.B., was die Frequenz 440 Hertz bedeutet, wann in der Musik die Epoche des Barock war, wie man eine Geige hält, dass Haydn und Mozart befreundet waren und vieles mehr. Ein ganzer Kosmos aus Musikwissen und Ideen wartet auf dich und will entdeckt werden.
Viel Spaß dabei wünscht dir

Heidi Debschütz

Inhaltsverzeichnis

W

Was ist Musik? „So eine dumme Frage!", denkst du jetzt wahrscheinlich. Man meint in der Regel Musik, wenn man eine Melodie hört. Aber wie entsteht diese Melodie? Fangen wir mal ganz von vorne, nämlich bei den Schallwellen, an.

Die Entstehung von Schallwellen

Irgendetwas, z.B. die Saite einer Gitarre, wird zum Schwingen gebracht. Rauf und runter schwingt jetzt die Saite. Diese Schwingung wird an die Luft rund um diese Gitarrensaite weitergegeben – jetzt „schwingt" also auch die Luft. Wenn du z.B. neben dem Gitarrenspieler sitzt, gelangen die Schwingungen zu deinem Ohr, und du hörst den Ton der Gitarre. Man nennt diese Schwingungen übrigens auch Schall.

Was macht die Töne tief oder hoch, laut oder leise?

Wenn die Luft schwingt, dann kann sie das schnell oder langsam tun. Die Anzahl der Schwingungen nennt man Frequenz, und man misst sie in Hertz. 100 Schwingungen in einer Sekunde sind z.B. 100 Hertz. Je mehr Schwingungen in der Sekunde stattfinden, also je mehr Hertz gemessen werden, umso höher ist der Ton. Und je weniger Schwingungen stattfinden, umso tiefer ist der Ton.

Wenig Hertz – langsame Schwingung – tiefer Ton:

Viele Hertz – schnelle Schwingung – hoher Ton:

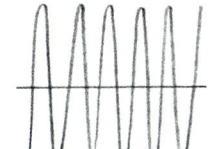

Es kommt aber nicht nur auf die Zahl der Schwingungen an, auch deren Stärke ist entscheidend. Wenn du dir die Schwingung der Luft als eine Welle vorstellst, dann kann diese Welle hoch oder niedrig sein. Zupft der Gitarrenspieler so richtig kräftig an der Saite, ist die Welle sehr hoch, und der Ton wird laut. Nach einem zarten, sanften Zupfen dagegen gibt es nur eine niedrigere Welle und damit auch einen leiseren Ton.

Hohe Welle – lauter Ton:

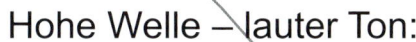

Niedrige Welle – leiser Ton:

Die Höhe der Welle beim Schwingen nennt man Amplitude.

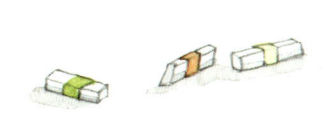

Wie hört man den Ton? Das menschliche Ohr

Unser Ohr ist ein wahres Wunderwerk der Natur, denn es kann aus Schwingungen in der Luft z.B. eine Melodie in deinem Kopf machen! Wie geht das?
Die Schwingungen der Luft gelangen zunächst zur Ohrmuschel.
Von dort aus werden sie zum Trommelfell geleitet.
Das Trommelfell ist eine kleine Haut im Ohr. Diese Haut schwingt dann ebenfalls. Die Schwingungen des Trommelfells werden vom Innenohr in Impulse verwandelt, die dann an das Gehirn weitergegeben werden.
Jetzt hörst du den entstandenen Ton.
All das geschieht in einer rasenden Geschwindigkeit.

HALLO!

Der Schall kommt zum Ohr!

■ ■ ■ Ein gutes Beispiel: ■ ■ ■
Der Kammerton a'

Kennst du den Kammerton a'?
Es ist ein ganz bestimmter Ton, der als Anhaltspunkt
zum Stimmen von Instrumenten dient.
Man nennt ihn auch Stimmton.
Seine Frequenz beträgt genau 440 Hertz, bei
einer Temperatur von 20° C. Wenn du also eine
Stimmgabel mit dem Kammerton a' zum Schwingen
bringst, weißt du, dass jetzt genau
440 Schwingungen pro Sekunde stattfinden.
Die Schallwellen müssen sich also ganz schön
beeilen ...

Ganz schön schnell:
Eine Stimmgabel mit dem Kammerton a'
erzeugt 440 Schwingungen in der Sekunde.

a'

Klang, Geräusch, Ton – was ist was?

Jetzt weißt du, wie Geräusche, Töne und Klänge entstehen und wie man sie zu hören bekommt. Wie aber können wir Geräusche, Töne und Klänge voneinander unterscheiden? Natürlich hörst du genau, ob ein klarer Ton auf einem Instrument gespielt wird, ob auf der Harfe Klänge ertönen oder ob jetzt gerade dein Lineal auf den Boden fällt. Aber was macht den Unterschied bei der Entstehung aus?

Ein Geräusch, z.B. das Rascheln von Papier oder das Klirren von Gläsern, ist ein Mix aus vielen unterschiedlichen unregelmäßigen Schwingungen, sozusagen ein „Schwingsalat".

Bei einem Ton hingegen herrschen „klare Verhältnisse". Hier liegen eine regelmäßige Schwingung und eine ganz bestimmte Tonhöhe, z. B. der Ton c, vor. Wenn jetzt mehrere unterschiedliche Töne gleichzeitig zusammenkommen, spricht man von einem Klang.

Der Schall

Klang

Ein Klang ist nicht nachsingbar. Er ist ein Mix aus verschiedensten Tönen.

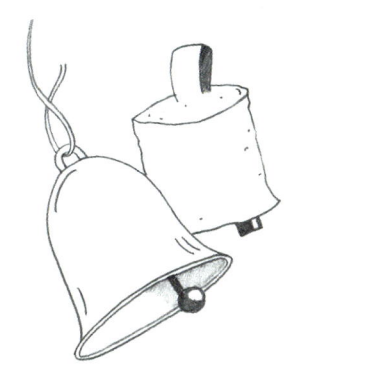

Beispiele:

Glocken

Zimbeln

Triangel

Geräusch

Das Geräusch ist eine Mischung aus verschiedensten unregelmäßigen Schwingungen. Es hat keinen Toncharakter.

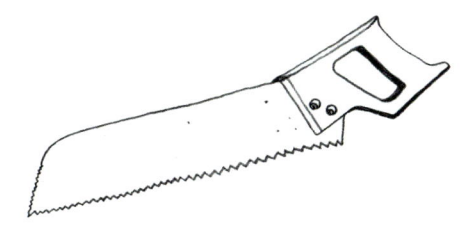

Beispiele:

Sägen

Rascheln

Schnalzen

Schnipsen

Bienensummen

Ton

Töne kann man nachsingen. Sie haben regelmäßige Schwingungen von einer jeweils eindeutigen Tonhöhe.

Beispiele:

Deine Singstimme

Die Stimmgabel

Alle Melodieinstrumente

II. Die Geschichte der Musik –

In einer Höhle in Südfrankreich, sie heißt „Trois Frères" (drei Brüder), kann man auf einer Felsmalerei, die vor etwa 25 000 Jahren angefertigt wurde, ein Wesen, den so genannten „Zauberer" erkennen.

Dieser „Zauberer" hält einen Bogen an einem Ende im Mund. Seine rechte Hand ist bereit zum Zupfen.

Manche glaubten auch, dass der „Zauberer" keinen Bogen, sondern eine Pfeife in der Hand hält.

Egal, ob Bogen oder Pfeife: Dieses Bild, gemalt von einem Steinzeitmenschen vor unendlich langer Zeit, gilt als die älteste bekannte Abbildung von einem Musikinstrument.

Wie haben unsere Vorfahren in der Steinzeit wohl gelebt? Sicher ist, dass sie schon damals Musik gemacht haben, z.B. auf Flöten.

Wie klang das damals?
Flöten, Trommeln, Luren – die Anfänge der Musik

Eigentlich weiß keiner so recht, wann und wie zum ersten Mal Musik gemacht wurde. Es gibt dazu keine Aufzeichnungen. Und Tonbänder, CDs oder dergleichen natürlich erst recht nicht. Aber wie hat es wohl begonnen?

Ein Forscher namens Darwin glaubte, dass unsere Vorfahren vor langer langer Zeit die Stimmen von Tieren, z.B. von Vögeln, nachgeahmt und so „Musik" gemacht haben. Andere glaubten, dass die Musik aus dem Sprechen heraus entstand, und wieder andere meinten, sie habe sich aus dem Rhythmus beim Arbeiten ergeben – also ungefähr so, wie wenn man beim Hin- und Herbewegen einer Säge immer wieder „Eins zwei, eins zwei ..." sagen würde.
Wir wissen nicht, wie es wirklich war. Sicher ist aber, dass unsere Vorfahren ganz bestimmt irgendeine Art von Musik gemacht haben und dass sie dafür auch Instrumente besaßen.

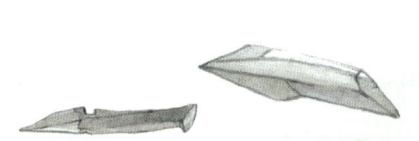

Gehörte sie einem Neandertaler oder einem modernen „Homo sapiens"? Die Elfenbeinflöte aus der Geißenklösterle-Höhle auf der Schwäbischen Alb beweist auf jeden Fall, dass die Musik schon vor so langer Zeit im Leben der damaligen Menschen einen festen Platz hatte.

Die ältesten Musikinstrumente, die derzeit bekannt sind, wurden in einer Höhle namens Geißenklösterle auf der Schwäbischen Alb bei Blaubeuren gefunden und sind 35 000 Jahre alt. Es handelt sich dabei um drei Flöten.

Eine von ihnen ist etwas ganz Besonderes, denn sie wurde nicht wie die zwei anderen Flöten aus Vogelknochen, sondern aus Mammutelfenbein geschnitzt. Das war für die damalige Zeit eine technische Meisterleistung. Diese Elfenbeinflöte ist ca. 11 mm breit und hatte mindestens drei Grifflöcher – ein wunderschönes und wertvolles Musikinstrument!

Alle drei Flöten sind ein bedeutender Hinweis darauf, dass es schon in der Steinzeit eine entwickelte Musikkultur gegeben hat.

Steinzeitliche Höhlenmalerei

In der Jungsteinzeit kamen in Europa dann Trommeln und Rasseln aus Ton als weitere Musikinstrumente dazu.
Mit Metall verzierte Hörner von Tieren oder Hörner komplett aus Metall, Luren – das sind riesige gebogene Trompeten aus Bronze, die in Skandinavien verbreitet waren – Trompeten, Klapperbleche und andere Instrumente gab es in der Bronzezeit, also vor etwa 2 700 bis 3 800 Jahren.

Das Wanderleben, das die Menschen lange Zeit geführt hatten, ging in der Jungsteinzeit zu Ende. Der Mensch begann, seine Nahrung anzubauen und sich dafür in fruchtbaren Gegenden anzusiedeln, wo es genug zu ernten gab. Vieh wurde gezüchtet und Dörfer gegründet. Städte entstanden, und so kam es allmählich zu den ersten alten so genannten Hochkulturen.

Die beeindruckenden großen Bronzeluren wurden in Nordeuropa erfunden und kamen nur im Bronzezeitalter vor. Interessant ist, dass man sie fast immer paarweise und in der gleichen Stimmung gefunden hat.

15

Musik im alten Mesopotamien

Ur, 3. Jahrtausend v. Chr.:
Ein sumerischer Musiker spielt auf einer Stierharfe.

Mesopotamien heißt „Zwischenstromland". Es hat diesen Namen, weil es zwischen den zwei Flüssen Euphrat und Tigris liegt. Der größte Teil des Landes war da, wo sich heute der Irak befindet. Viele Völker haben in der Vergangenheit in diesem Land gelebt.

Vor mehr als 5 000 Jahren siedelten sich dort die Sumerer an, die z.B. die Keilschrift erfunden haben. Auch bei ihnen gab es natürlich Musik. Ein typisch sumerisches Instrument war die Leier, die die Sumerer in der Form von einem Stier anfertigten und die bis zu elf Saiten haben konnte. Die sumerischen Leiern standen auf dem Boden. Auch mit bogenförmigen Harfen und mit Lauten, die sie übrigens „pantur" nannten und die einen ganz langen Hals und einen kleinen Körper hatten, wurde bei den Sumerern musiziert.

Die Babylonier, die später das „Zwischenstromland" bewohnten, hatten Handleiern und ebenfalls die schönen langhalsigen Lauten.

Bei den Assyrern – auch sie haben in Mesopotamien gelebt – ist vor allen Dingen die Winkelharfe interessant, die bis zu zehn Saiten hatte und wie ein Dreieck aussah, bei dem eine Seite vergessen wurde.

Viele Instrumente gab es außerdem noch, z.B. Rasseln, Flöten und Trommeln. Auf Bildern kann man sehen, wie mehrere Musiker zusammen spielen. Wie es geklungen hat, wissen wir leider auch hier nicht. Man vermutet aber, dass man schon damals nicht nur ein-, sondern auch mehrstimmig gespielt hat, da man z.B. auf den Harfen oder den Leiern mit beiden Händen gezupft hat – und das gibt schließlich mehr als einen Ton. Mesopotamien war ein sehr bedeutendes Land. Rundherum um seine Grenzen hat es die Musik vieler anderer Länder beeinflusst. Ein Beispiel dafür sind die alten Ägypter.

SCHWARZES MEER

MESOPOTAMIEN

MITTELMEER

TIGRIS

EUPHRAT

JERUSALEM

BAGDAD

BABYLON

ARABIEN

UR

PERSEPOLIS

PERSISCHER GOLF

Das Wort „Stier" in Keilschrift.

Mesopotamien, das heutige Gebiet des Irak, lag im Herzen des Vorderen Orients und war damals ein Wüstengebiet. Hier entwickelten sich mehrere bedeutende Hochkulturen nacheinander.

Assyrische Glocke

Eine Leier in Form eines Stiers

17

Musik der alten Ägypter

Wie du sicher schon weißt, waren die alten Ägypter ein kulturell sehr hoch entwickeltes Volk. Bei ihnen war die Musik bereits Kunst und wurde richtig als Beruf (z.B. Flötenspieler oder Sänger) ausgeübt. Musiziert wurde z.B. mit 1–1,20 Meter großen Langflöten aus Bambusrohr, die es noch heute unter den Namen „Uffata" und „Nay" in Ägypten gibt. Die Doppelschalmei mit ihren zwei Röhren, eigentlich eine Erfindung der Phöniker, wurde mit über Kreuz gelegten Händen gespielt. Ihr „Nachkomme" im heutigen Ägypten ist die „Zummara". Klapperstöcke, Trommeln unterschiedlicher Arten und Handpauken gab es ebenfalls. Von den altägyptischen Priestern wurden bestimmte Rasselinstrumente, so genannte Sistren, verwendet. Ein sehr wichtiges ägyptisches Instrument war die Harfe, und zwar zunächst die riesengroße Bogenharfe.

Ägyptischer Harfenspieler

Mit der Zeit entwickelten sich aber neue Formen, z.B. die Schulter-, die Hand- und die Riesenharfe sowie die Winkelharfe, die du ja bereits von den Assyrern kennst. Lauten und neuartige Leiern kamen ebenfalls hinzu. Etwas Neues war auch die Doppeloboe.
Mit Handzeichen und speziellen Stellungen der Arme signalisierte man im alten Ägypten den Musikern, welcher Ton jetzt gespielt werden sollte. So „schrieben" die Ägypter mit dieser musikalischen Zeichensprache ihre Melodien also quasi in die Luft!

Diese ägyptischen Musikerinnen spielen auf der Langhalslaute, die im 2. Jahrtausend v. Chr. ihren Weg nach Ägypten fand.

Die Schrift der alten Ägypter bestand aus kleinen Bildern, die man Hieroglyphen nennt. Als Papier diente der Papyrus, eine Art Schilf.

19

Was die Bibel verrät

Das Alte Testament gibt uns Auskunft über die damalige jüdische Musik, die voller Leben und Ideen war. Die Juden waren zunächst ein wanderndes Nomadenvolk, bis sie nach der Knechtschaft in Ägypten schließlich vor mehr als 3 000 Jahren nach Palästina zogen und dort sesshaft wurden. Einige Elemente ihrer Musik sind von der ägyptischen Musik beeinflusst.

Der Schofar, ein Widderhorn, war ein Kultinstrument und wurde bei Gottesdiensten und an Festtagen geblasen.

Zunächst gab es bei ihnen die Trommel und die Flöte, Tempeltrompeten aus Silber und – vermutlich übernommen von den Ägyptern – die Leier.

Der „Schofar", ein Widderhorn, wurde als signalgebendes Instrument im Tempel benutzt. Die so genannte Königszeit brachte weitere, ausländische Instrumente mit sich. Als König Salomo eine ägyptische Pharaonentochter heiratete, brachte diese z.B. viele Instrumente aus ihrer Heimat mit in die Ehe. Als weitere neue Instrumente für die jüdische Musik kamen u.a. die Winkelharfe und die Doppelschalmei auf. Für die Musik im Tempel waren Leviten (Männer vom Stamm Levi) zuständig, die z.B. als Sänger, Harfenisten, Zimbelspieler u.a. im Tempel musizierten und in Tempelschulen extra dafür ausgebildet wurden.

Nach und nach wurde die gesungene Musik immer wichtiger.
Zu bedeutenden Ereignissen wie Hochzeiten von berühmten Hofleuten, Krönungen u.a. wurden Psalmen gesungen. Im Psalter, der sich im Alten Testament befindet, sind viele Psalmen enthalten. Ein sehr musikalischer König war König David, der vor ca. 3 000 Jahren lebte.

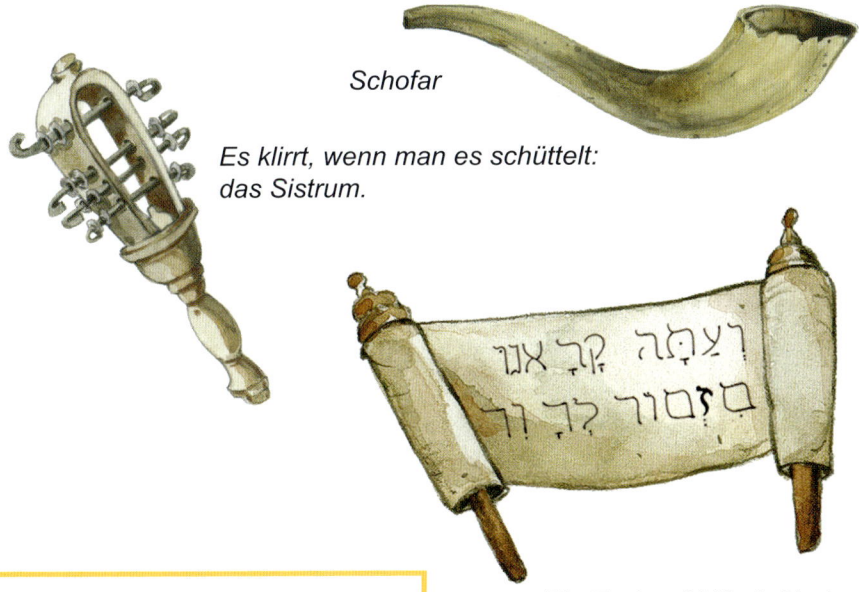

Schofar

Es klirrt, wenn man es schüttelt: das Sistrum.

Ein Text auf Althebräisch: „Und jetzt lesen wir einen Psalm von David."

Psalm 81, 3 + 4

*Hebt an mit Psalmen und lasst hören die Pauken,
liebliche Zithern und Harfen!
Blaset am Neumond die Posaune,
am Vollmond, am Tag unseres Festes!*

Erforsch's mal selber

Schau doch selbst einmal in der Bibel nach, welche Angaben du darin zur jüdischen Musik im alten Palästina finden kannst.
Vielleicht helfen deine Eltern dir dabei.
Am besten fängst du mit den Psalmen an. Sie befinden sich im Alten Testament. Lies dir ein paar von ihnen durch und achte darauf, ob irgendwelche Anweisungen dabeistehen, mit welchem Instrument zusammen der Psalm vorzutragen ist.
Jetzt zu den Leviten: Suche im Alten Testament das „zweite Buch der Chronik" und dort wiederum das Kapitel 5, Vers 12. Hier wird geschildert, wie die Leviten bei der Einweihung des Tempels musizieren. Frage auch ruhig einmal deine Eltern, was es bedeutet, „jemandem die Leviten zu lesen". Oder weißt du es etwa schon?

Musik im alten China: Im Reich der zwölf Lü

In China gibt es die Legende, dass die Musik ebenso wie die Schrift von einem so genannten „gelben Kaiser", der sich Huang-Ti nannte, ins Leben gerufen wurde. Dessen Minister Ling-Lun soll außerdem im Westen in einem Bambuswald die erste Flöte geschnitten und dann heim nach China gebracht haben. Und der Grundton für die Musik wurde Huang-Kung genannt.
Das klingt wie ein Märchen aus einer ganz anderen Welt ...

Dieses Bild stammt aus dem 10. Jh.
und wurde auf Seide gemalt.
Es zeigt Musikanten bei Hofe zur
Zeit der fünf Dynastien.

Später, in der Shang-Dynastie, die vor ca. 3 500 Jahren begann und etwa 500 Jahre dauerte, musizierte man u.a. mit Klingsteinen, Glocken aus Bronze, Kugelflöten, Panflöten und Trommeln.

Als Grundlage für das damalige Tonsystem dienten die zwölf Lü, die immer eine Quinte, also fünf Töne nach unserem Tonleitersystem, auseinanderlagen und auf denen nach einem bestimmten System pentatonische Leitern „errichtet" werden konnten. Damit ergaben sich 60 verschiedene Tonarten. In der Zhou-Dynastie, die nach der Shang-Dynastie folgte, war die Musik so wichtig für die Gesellschaft, dass man sogar ein eigenes Musikministerium mit mehr als 1 300 Mitarbeitern unterhielt. Das System der zwölf Lü wurde in dieser Zeit noch ein bisschen „aufgestockt", sodass es schließlich zum Ende der Zhou-Dynastie 84 Tonarten gab.

Das Instrument K'in mit Saiten aus Seide, eine Wölbbrettzither, kam in der Zhou-Zeit in China auf, auch gab es damals Mundorgeln aus Bambusrohren, Längs- und Querflöten u.a. Geordnet wurden die Instrumente nach den Materialien, aus denen sie bestanden, also z.B. Holz, Metall, Leder, Stein, Bambus usw. In der Han-Dynastie, die von 206 v.Chr. bis 220 n.Chr. dauerte, kam es schließlich zu einer Notenschrift.

Die chinesische Wölbbrettzither nannte sich K'in und hatte Saiten aus Seide.

中国宫廷乐

23

Die alte Muttergöttin Kybele ist hier mit einem Tympanon dargestellt. Sie galt u.a. als Beschützerin der Kultur.

Musik in der Antike
Die Griechen

Bestimmt hast du schon einiges von den alten Griechen gehört. Sie haben große Denker hervorgebracht, z.B. Philosophen wie Sokrates, Platon oder Aristoteles oder das Mathematik-Genie Pythagoras. Auch berühmte Bauten wie z.B. die Akropolis in Athen sind ihr Werk. In unserem heutigen abendländischen Kulturkreis geht vieles auf die griechische Kultur zurück. Natürlich auch in der Musik.

Die fünf Modi (das ist die Mehrzahl von Modus und bedeutet in diesem Fall Grundtonarten), die es bei den Griechen gab, wurden nach deren Volksstämmen benannt:

Dorisch, Phrygisch, Lydisch, Äolisch und Ionisch.

Diese Modi bahnten letztendlich den Weg zu unseren heutigen Tonarten.

Das Fest des Dionysos: Frauen tanzen, musizieren und bringen Weinopfer dar.

24

ỿ χέλυς = die Schildkröte

Eine Opferprozession aus der Zeit um 540 – 530 v. Chr. In der linken Hälfte siehst du einen Aulosbläser und einen Jungen, der eine Lyra hält.

Die Lyra bestand aus einem Schildkrötenpanzer, deshalb nennt man sie auch Chélys (= Schildkröte). Sie gehört zur Familie der Leier.

Die Instrumente der Griechen waren die Trompete, die Flöte und verschiedene Schlaginstrumente. Bemerkenswert ist auch die Kithara, mit der die Berufssänger musizierten und die dem Gott Apollo gewidmet war. Der Aulos, ein Blasinstrument aus Elfenbein, Metall oder Holz, das aus zwei Röhren bestand, von denen meistens mit jeder Hand eine gespielt wurde (Doppelaulos), war ein sehr bedeutendes Instrument. Sein Ursprung ist aber in Kleinasien. Und die Lyra, die aus einem Schildkrötenpanzer bestand, war angeblich eine Erfindung des Gottes Hermes. Auf der Harfe, die ab Mitte des 5. Jh. in der griechischen Musik zu finden war, spielten in erster Linie Frauen. Fünf unterschiedliche Melodiearten gab es in der klassischen griechischen Musik: Hymnen, Trink- und Schmauslieder, Siegeslieder, Klagelieder und Lieder für Instrumente. Sie orientierten sich jeweils eng an ihrem bestimmten Modus wie auf der linken Seite beschrieben. Zur Musiktheorie machten sich Philosophen und Mathematiker eine Menge Gedanken. Außerdem gab es eine Notenschrift für den Gesang und eine für Instrumente.

BRITANNIA

LONDINIUM

Musik in der Antike
Die alten Römer

GERMANIA

LUGDUNUM

GALLIA

Hier siehst du einen Tibia-Bläser auf einem etruskischen Wandgemälde. Die Etrusker liebten die Musik.

HISPANIA

CORSICA

ROMA

ITALIA

MACEDONIA

SARDINIA

OLYMPIA

SPARTA

Die Römer spielten eine bedeutende Rolle in unserer Geschichte. Der gesamte Mittelmeerraum, der Süden Germaniens, Gallien und auch Britannien gehörten zu ihrem Reich, und noch heute erinnern mächtige Bauwerke wie z.B. Amphitheater, Aquädukte, der Limes u.a. an die einstige Großmacht. Ihre Musik, die eine große Bedeutung im römischen Leben hatte, war von der etruskischen, der mittelöstlichen und der griechischen Musik beeinflusst.

SICILIA

KARTHAGO

Im 2. Jh. n. Chr. war das Reich der Römer am größten. 50 bis 60 Millionen Menschen lebten vermutlich damals innerhalb seiner Grenzen, und das Gebiet wurde von ca. 450 000 Soldaten bewacht.

AFRICA

Das Cornu, ein Horn, wurde an seinem Querstab vom Bläser festgehalten.

Von den Etruskern, einem sehr mächtigen Volk in Italien, dessen Könige bis zu ihrer Vertreibung 510 v. Chr. auch die Stadt Rom regierten, stammten z.B. die Tuba (eine gerade, lange Trompete), die Bucina (eine gewundene Trompete) und das Cornu. Der Aulos oder Doppelaulos, den du schon aus der Musik der alten Griechen kennst, wurde Tibia genannt. Kithara, Lyra, die Pandura (eine langhalsige Laute) und die Harfe gab es ebenfalls.

Als Schlaginstrumente verwendeten die Römer u.a. Tympanon (Tamburin), Scabillum (eine Fußklapper) oder Cymbala (das Becken). Die Wasserorgel, Hydraulis genannt, die im 3. Jh. v. Chr. von dem Ingenieur Ktesibios erfunden worden ist, kam in der Kaiserzeit oft zum Einsatz, in der z.B. bei den berühmten Schaukämpfen Musik zur Unterhaltung geboten wurde. Bei Triumphzügen, beim Tanz, beim Gastmahl, beim Kult und bei anderen Anlässen des römischen Lebens war die Musik ein wesentlicher Bestandteil. Eine wichtige Rolle in der römischen Musikwelt spielten Musikersklaven, die aus dem Ausland, vor allem aus dem griechischen Raum, stammten.

„Wandermusikanten": Dieses Mosaik des Künstlers Dioskurides aus dem 2. Jh. v. Chr. stammt aus Pompeji. Du erkennst darauf die Instrumente Tympanon (links), sowie Zimbeln und Tibia (rechts).

Musik im Mittelalter: Minnesang und Lautenklang

Eine Szene aus der Welt des Aberglaubens im französischen Mittelalter: Seltsame Wesen führen eine Katzenmusik auf.

Gesang, Musizieren, akrobatische Kunststückchen … – damit verdienten die fahrenden Spielleute im Mittelalter ihr Brot. Bei Hofe waren sie oft eine willkommene Unterhaltung.

Kennst du Geschichten von Rittern voller Wagemut und Tapferkeit, von Königen wie Artus und seiner Tafelrunde oder auch von Robin Hood? Richtig, dann bist du im Mittelalter.
Ungefähr 1 000 Jahre lang hat das Mittelalter hier in Europa gedauert, von ca. 500 bis 1500 n.Chr., und man unterteilt es in das Früh- (6. – 9. Jh.), das Hoch- (10. – 13. Jh.) und das Spätmittelalter.
1000 Jahre – da ist viel Platz für eine Vielfalt von Musik.
In der Kirchenmusik, die zunächst von Einstimmigkeit im Gesang geprägt war (z.B. in den gregorianischen Chorälen), hielten allmählich das Prinzip der Mehrstimmigkeit und die Orgel Einzug.
In Schlössern und Burgen, wo die Adligen bei Speis und Trank in ihren großen Sälen saßen, ließen Musiker von einer Galerie aus ihre kostbaren Instrumente erklingen und leiteten das Gastmahl mit Fanfarenklängen ein. Lustig und fidel ging es – zumindest in musikalischer Hinsicht – bei den Bauern zu. Mit Leiern, Fideln, Dudelsäcken und Hackbrettern wurde in den Dörfern musiziert.
Ob zu Hause, bei Festen oder bei der Arbeit auf dem Feld – die Musik war ein willkommener Begleiter des Alltags und versüßte den einfachen Menschen ihr oftmals sehr hartes, ärmliches Leben.

Man kannte damals sehr viele Instrumente. In der Kirche ertönte die Orgel, die in unterschiedlichen Größen zu finden war. Auffallend lang waren im Mittelalter die Trompeten, die aus mehreren zusammengefügten Rohren bestanden.

Als Saiteninstrumente waren neben Lauten und Fideln die Harfe und die Leier in Gebrauch. Das Rebec, ein birnenförmiges Streichinstrument, hatte meistens drei Saiten. Und auch die Drehleier, deren Saiten mit Hilfe eines gedrehten Rades angestrichen wurden, war ein sehr interessantes Instrument. Daneben gab es Schalmeien, Flöten, Hörner, Trommeln u.a.

Trommel, Harfe, eine lange Trompete, ...: Auf diesem Bild siehst du deutlich die große Vielfalt von Instrumenten, die es im Mittelalter gab. Der sitzende Musikant unten rechts spielt ein so genanntes Portativ, das ist eine tragbare Orgel.

29

Ein wichtiger Bereich in der Musik des Mittelalters ist der Minnesang.
So war es damals üblich, dass Ritter aus vornehmem Hause einer adligen Frau „Minnedienst" leisteten, das heißt sie verehrten sie und trugen beim Turnier die Farben dieser Dame.

Der Dichter Walther von der Vogelweide lebte von ca. 1170 bis ca. 1230 und war einer der bedeutendsten deutschen Minnesänger des Mittelalters.

... minne ist aller tugende ein hort:
âne minne wirdet niemer herze rehte frô.
sît ich den gelouben hân,
frouwe Minne,
fröit ouch mir die sinne ...

Walther von der Vogelweide lobt die Minne: aus seinem Lied Maneger frâget waz ich klage.

Ein wunderschönes Bild aus der Tristan-Handschrift von 1323: „Tristan singt vor König Marke".

Firgo et iuvenis saltant.

Die Minnesänger, beeinflusst von den französischen Troubadours, besangen im 12. – 15. Jh. die Liebe zu einer verehrten Frau. Wundervolle Lieder wurden von diesen Dichter-Komponisten wie z.B. Reinmar von Hagenau, Heinrich von Morungen oder Walther von der Vogelweide verfasst. Es gab jedoch auch Lieder mit politischen oder anderen Inhalten.

Bei Märkten und Festen, aber auch an den Höfen traten die fahrenden Spielleute auf, die in der Gegend umherzogen und sich mit Gesängen, Spiel und allerlei Kunststücken ihr Brot verdienten.

Weißt du, was ein Stadtpfeifer ist?
Der Beruf des Stadtpfeifers entstand ca. im 14. Jh., also
im Mittelalter. Damals war der Stadtpfeifer ein Musiker, der
mehrere Instrumente spielen konnte. Er gehörte aber nicht
zu den fahrenden Spielleuten, die damals von Ort zu Ort
zogen, um vor einem immer anderen Publikum ihre Künste
auf dem Rebec, der Fidel und anderen Instrumenten zum
Besten zu geben. Nein, der Stadtpfeifer war Bürger einer
Stadt und bei dieser als Musiker angestellt.
Wie im Handwerk wurde ein Stadtpfeifer damals sorgfältig
ausgebildet und gehörte zu einer so genannten Zunft.
Wenn die Stadt nun z.B. für ein Fest Musik erklingen lassen
wollte, war das die Aufgabe des Stadtpfeifers und seiner
Gesellen. Wenn ein vornehmer Gast, z.B. ein König, die
Stadt mit seinem Besuch beehrte, hatte der Stadtpfeifer für
die passende Musik zu sorgen.
Auch das Abblasen auf dem Kirch- oder Rathausturm war
u.a. sein Job. Er war sozusagen der „städtische Musiker"
schlechthin.
Doch im 18. Jh. änderte sich dann die Lage: Als immer
mehr Menschen begannen, privat zu Hause zu musizieren,
und die Gewerbefreiheit und die öffentlichen Konzerte
aufkamen, wurde der Beruf des Stadtpfeifers immer mehr in
den Hintergrund gedrängt.
Heute wissen daher nur noch wenige Leute, dass es diesen
Beruf einmal gab und wie er aussah.

Der Stadtpfeifer

*Auch das so genannte „Abblasen" von den Türmen
des Rathauses oder der Kirche gehörte zu den
Aufgaben des Stadtpfeifers. Der Zweck des
„Abblasens" war u.a. die Verkündung der Tageszeit.*

NEUMEN

Das Mittelalter war aber auch eine wichtige Epoche für die Entstehung unserer Notenschrift.
Um eine Melodie schriftlich festhalten zu können, wurden zunächst die Neumen entwickelt. Neumen sind Zeichen, die über den zu singenden Text gesetzt wurden. Sie zeigten zunächst nur an, ob die Melodie herauf- oder heruntergehen sollte.
Das Neumensystem wurde immer vielfältiger. Zum genaueren schriftlichen Festhalten der Tonhöhe wurden die Neumen selbst auf unterschiedliche Höhen gesetzt und irgendwann dazu Linien eingeführt. Und damit war der Grundstein für unsere heutige Notenschrift mit ihren fünf Linien gelegt. Ebenso begann man auch im Laufe der Zeit, aufzuzeichnen, wie lang ein Ton dauern sollte. Dies wurde mit Symbolen wie z.B. Quadraten oder Rauten festgehalten.
Damit die Chorsänger es mit dem Erkennen der Melodie ein bisschen leichter hatten, vergab der Benediktinermönch Guido von Arezzo im 11. Jh. auf die einzelnen Noten sechs Silben (ut, re, mi, fa, sol, la) als Hilfsmittel.
Im Laufe der Jahrhunderte entstand daraus das so genannte Tonika-Do-System. Das Mittelalter war für die Musik also eine sehr ergiebige Epoche.

Drei Stadien in der Entwicklung unserer Notenschrift:

1

Diese Neumen aus dem 12. Jh. sind zunächst nur Zeichen über dem Text, die anzeigen, ob die Melodie herauf- oder heruntergehen soll. Es handelt sich hier um ein „Monastisches Rituale", das in Zwiefalten geschrieben wurde.

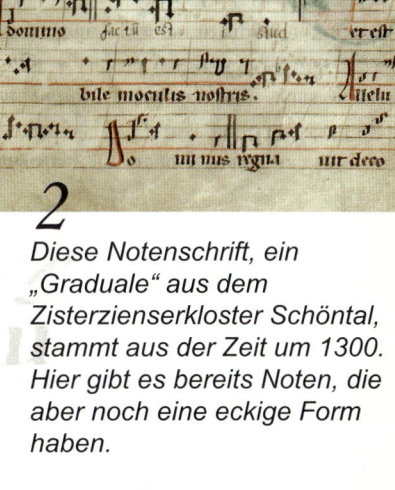

2

Diese Notenschrift, ein „Graduale" aus dem Zisterzienserkloster Schöntal, stammt aus der Zeit um 1300. Hier gibt es bereits Noten, die aber noch eine eckige Form haben.

3

„Richtige" Noten, wie wir sie heute kennen, siehst du auf dieser Handschrift, die ca. 1667 – 1670 entstand, einem „Directorium Chori" aus Weingarten.

Die Musik der Renaissance

Im 15. Jh. ging das Mittelalter zu Ende. Eine neue Epoche begann, die man Renaissance nannte. Renaissance heißt „Wiedergeburt". Was war alles geschehen?

Ein Mann namens Gutenberg hatte den Buch- und ein Mann namens Ulrich Han – sehr wichtig für die Musik! – 1476 den Notendruck erfunden.

Columbus hatte im Jahr 1492 Amerika entdeckt, und Wissenschaftler wie Kopernikus oder Galileo Galilei sollten für völlig neue Erkenntnisse in der Naturwissenschaft sorgen! Der Mensch setzte sich mit der Antike und mit sich selbst auseinander, er entdeckte die Kultur und die Bildung neu.

Die Musik wurde jetzt mehr auf den Menschen „zugeschnitten": lebendiger in der Rhythmik, einfacher in den Melodien und Formen.

Die Polyphonie (Mehrstimmigkeit) hatte sich weiterentwickelt. Neu in der Harmonik war z.B., dass man nun Terzen und Sexten bevorzugte.

Johannes Gutenberg
erfand den Buchdruck mit gegossenen beweglichen Lettern.

In den Gesängen war es jetzt wichtig, dass die Musik ausdrückte, was im Text enthalten war. Die Gefühle wurden stärker in der Musik umgesetzt. In der geistlichen Musik komponierte man vor allem Messen und Motetten.

Mit dem Entstehen der protestantischen Kirche im 16. Jh. kam es zu den protestantischen Chorälen, in denen die Überzeugung der Gläubigen bewegend und eindrucksvoll in der Musik ausgedrückt wurde. Außerhalb der Kirchenmusik gab es das Madrigal, die Chanson, das deutsche Tenorlied und volkstümliche Musikstücke wie z.B. die Villanella.

Neu war, dass man in der Musik der Renaissance die Instrumente einzuteilen begann: In der Chormusik wurden z.B. die Chöre nach unterschiedlichen Stimmlagen (Sopran, Alt, Tenor, Bass) eingeteilt, bei den Instrumentengruppen nach Blas-, Streich- und Schlaginstrumenten.

Die prachtliebenden Renaissancefürsten hielten sich Sänger und Musiker an ihren Höfen, und so konnten verschiedene Sänger- und Instrumentengruppen zusammengestellt werden.

Diese Musizierenden Engel wurden um 1480 von Hans Memling gemalt. Sie spielen auf Psalterium, Trumscheit, Laute, Trompete und Bomhart.

Die Instrumente der Renaissance waren z.B. Laute, Blockflöte, Schalmei, Krummhorn, die Violen, das sind Vorformen der heutigen Violine, der Chittarone, das Virginal (ein Tasteninstrument) und die Instrumentenfamilie der Zinken, spezielle Blasinstrumente, die es heute nicht mehr gibt. Bekannte Renaissance-Komponisten waren u.a. Guillaume Dufay, Orlando di Lasso und der berühmte Giovanni Pierluigi da Palestrina.

Musik der Barockzeit: Der König tanzt sein Menuett

Über die Jahre von ca. 1600 bis 1750 erstreckt sich in der Musik die Barockzeit. In dieser Zeit liebte man Pracht und Fülle, die Illusion. Es war eine Epoche, in der Könige und Fürsten an glanzvollen Höfen residierten und aufwändig inszenierte Feste feierten. Komponisten, die sich jetzt als schöpferische, ja geniale Musikschaffende verstanden, stellten ihre Dienste diesen Herrschern oder auch der Kirche zur Verfügung und schrieben meist auf deren Auftrag hin Musik zu den unterschiedlichsten Anlässen: ein Menuett oder eine Gavotte für den Tanz am Hofe, eine Kantate, eine Oper ... Es war nun wichtig, in der Musik den Gefühlen und der Leidenschaft Ausdruck zu verleihen und viele Verzierungen in die Musikstücke einzuarbeiten.

Die wichtigste Gattung des Barock war die Oper, die in Italien entstand und in der das Theatralische und das Gefühlvolle sich wunderbar mit der Musik verbinden konnten.

In der Vokalmusik entstanden z.B. noch das Oratorium und die Kantate. Immer mehr Musik wurde jetzt auch nur für Instrumente geschrieben. Als Instrumentalmusik gab es z.B. die Suite, in der mehrere Tänze aufeinanderfolgten, die Sonate, die Fuge und das Konzert. Besonders gute Sänger oder Instrumentalisten, man nennt sie Virtuosen, waren regelrechte „Stars".

Ein Beispiel für die Generalbass-Ziffern.

Ein wichtiges Element des Barockzeitalters ist der so genannte Generalbass – eine Bassstimme, meist für ein Tasteninstrument gedacht, in der mit Hilfe von Ziffern unter den Noten die zu spielenden Akkorde angezeigt wurden.

Ein sehr bedeutendes Tasteninstrument der Barockzeit war das Cembalo, bei dem die Saiten nicht wie beim Klavier angeschlagen, sondern angerissen werden.

Die Violine wurde im 17. Jh. ebenfalls zu einem sehr wichtigen Instrument.

Große Barock-Komponisten waren z.B. Claudio Monteverdi, Antonio Vivaldi, Jean-Baptiste Lully, Georg Philipp Telemann, Georg Friedrich Händel und Johann Sebastian Bach.

Der König und der Komponist: Friedrich der Große und Johann Sebastian Bach treffen auf diesem Bild zusammen.

Mozart, Haydn, Beethoven:

Sie waren die drei Hauptpersonen der so genannten Wiener Klassik, und sie lebten alle drei in Wien.

1780 - 1814

Klassik

Die Musikepoche der Klassik beginnt ca. 1780 und endet um 1814. Sie umfasst
die Zeit der drei großen Komponisten, die damals in der Stadt Wien wirkten:
Haydn, Mozart und Beethoven.
Deshalb bezeichnet man diese Zeit auch gerne als „Wiener Klassik".
Der Mensch und die Gesellschaft durchliefen in dieser Epoche eine Änderung:
Im 18. Jh., das als die Epoche der „Aufklärung" gilt, begann der Mensch, sich auf seinen
Verstand und seine eigene Urteilsfähigkeit zu konzentrieren. Alte, unterdrückende
Herrschaftsstrukturen kamen zu Fall, denn die Freiheit und die Rechte des einzelnen
Bürgers wurden nun – endlich! – als ein wichtiges Gut betrachtet. Die Musik war nunmehr
eine Kunstform, die auch für die Bürger zugänglich war. Neben der höfischen und der
Kirchenmusik gab es jetzt auch öffentliche Konzerte und Opernhäuser sowie Musik in
Privathäusern und Salons.

Fröhliche Mädchen mit Schellentrommeln, denen ein junger Weinhändler seinen „edlen Tropfen" anbietet: So heiter und leicht stellt der Maler Johann Heinrich Ramberg (1763 – 1840) das Leben in Rom dar.

Kennst du das Land? wo die Citronen blühn,
Im dunkeln Laub die Gold-Orangen glühn,
Ein sanfter Wind vom blauen Himmel weht,
Die Myrte still und hoch der Lorbeer steht.
Kennst du es wohl?
      Dahin! Dahin
Möcht´ ich mit dir, o mein Geliebter, ziehn.
             Goethe

„Kennst du das Land?" Gemeint ist Italien. Dies ist die 1. Strophe des berühmten Liedes Mignon von Johann Wolfgang von Goethe (1749 – 1832).

Einfachheit und Natürlichkeit waren jetzt angesagt – man wollte weg von dem Schwulst und der Künstlichkeit des Barock. In der nichtkirchlichen Musik wurde der Generalbass immer unwichtiger. Als neue Gattungen traten in der Klassik das Streichquartett und die Sinfonie auf. Nach wie vor spielte die Oper eine sehr wichtige Rolle. Bedeutsam war auch die Kammermusik (v.a. Trio, Quartett und Quintett).

Wien zur Zeit der Wiener Klassik

Die klassische Konzertform, in der ein Soloinstrument und ein Orchester zu hören sind, entwickelte sich Ende des 18. Jh. Und die Sonate, die dir ja schon aus dem Barockkapitel bekannt ist, wurde jetzt nach einem strengen Prinzip aufgebaut, in dem vier Sätze aufeinanderfolgten. Dasselbe Schema galt übrigens für Sinfonien und für Werke der Kammermusik.

Das im Barock noch so wichtige Cembalo wurde immer häufiger durch das Hammerklavier ersetzt. Und die Klarinette, die Anfang des 18. Jh. aufgekommen war, fand nun ihren Weg ins Orchester.

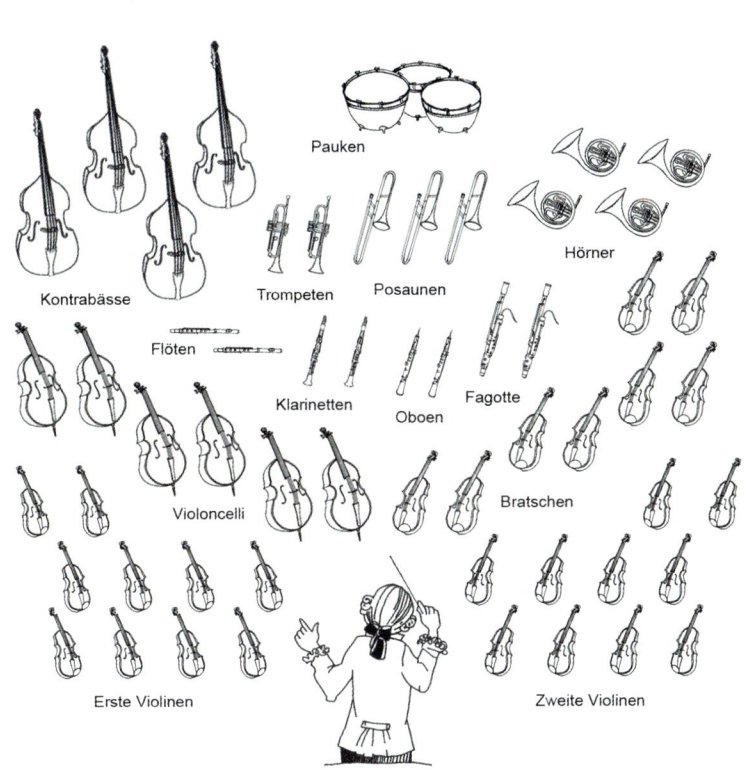

Klassisches Sinfonieorchester

Pauken

Hörner

Kontrabässe

Trompeten   Posaunen

Flöten

Klarinetten

Oboen   Fagotte

Violoncelli

Bratschen

Erste Violinen   Zweite Violinen

Aufgepasst: Klassik ist nicht gleich Klassik!

Die Musikepoche „Klassik" oder „Wiener Klassik" darf man nicht mit der Bezeichnung „klassische Musik" verwechseln! Die „Klassik" oder „Wiener Klassik" umfasst die musikgeschichtliche Epoche von ca. 1780 bis 1814, wie du es in diesem Kapitel gerade gelesen hast.

Es gibt auch noch eine so genannte Vorklassik, die sich etwa über den Zeitraum von 1730 bis 1780 erstreckt.

Als „klassische Musik" gilt hingegen in der Regel die so genannte Kunstmusik bis einschließlich zum 19. Jh., die das Gegenstück zur Volksmusik und zu Musikformen wie Schlager, Jazz, Popmusik usw. bildet. Es hat sich hier auch eingebürgert, zu sagen „Ich höre gerne Klassik" oder „der Klassik-Fan". Gemeint ist damit meist das breite Feld der klassischen Musik. Das ist aber etwas ganz anderes als die Epoche der Klassik.

Wenn also ein „Klassik-Fan" eine Barockoper hört, hört er klassische Musik, aber kein Stück aus der Epoche der Klassik. Wenn er eine Sinfonie von Haydn hört, trifft allerdings beides zu ...

Also: Immer aufpassen, welche Klassik jetzt gemeint ist, und im Notfall nachfragen, da die Begriffe sich ja überschneiden können!

Musik der Romantik

Schließe mal für einen Moment deine Augen und denke an etwas ganz Romantisches. Was siehst du?
Einen wild verhangenen Wald mit einer kristallklaren Quelle? Eine Burg oder ein Schloss wie in einem Märchen? Romantik, das verbindet man mit Gefühlen, Träumen, mit Märchenhaftem und mit Poesie.

Im 19. Jh. wurde die Romantik vor allem im deutschsprachigen Gebiet zu einer neuen Stilepoche in der Literatur, der Philosophie und der Malerei. Da war es natürlich auch den Komponisten „romantisch" zu Mute. Die Musik wurde in dieser Zeit immer komplizierter, das Orchester immer größer. Nicht mehr der Konzertmeister, sondern der Dirigent leitete jetzt das Orchester. Man liebte als Stoffe für Opern, Themen zu Liedern u.a. das Gefühlvolle, das Fantastische, das Schauerliche und natürlich die Liebe. Gefühlsregungen und Stimmungen konnten jetzt mit viel mehr musikalischen Möglichkeiten ausgedrückt werden. Klänge mit Bezug zur Natur, z.B. vom Waldhorn oder von der Flöte, waren besonders beliebt.

*Ein schaurig-romantisches Bühnenbild: die „Wolfsschlucht"
aus der Oper* Der Freischütz *von Carl Maria von Weber.*

42

Als neue Gattungen traten in der Romantik das so genannte Charakterstück und die sinfonische Dichtung auf.

Die Oper entwickelte sich bei Wagner zum Musikdrama. Das Volkslied, das zuvor einen eher niedrigen Rang gehabt hatte, wurde jetzt aufgewertet und geschätzt. Sehr beliebt und wichtig wurde z.B. auch das Kunstlied, das ganz typisch für die Romantik ist.

Die Romantiker glaubten, dass sich in der Musik das Innerste des Kosmos und sogar tief gehende Geheimnisse mit religiöser Dimension offenbarten.

Typisch romantische Komponisten waren u.a.

Carl Maria von Weber,

Franz Schubert,

Robert Schumann

und *Felix Mendelssohn Bartholdy,*

aber auch *Frédéric Chopin,* der viel Klaviermusik schrieb,

Johannes Brahms und *Franz Liszt* sowie *Giuseppe Verdi*

und *Richard Wagner,* die beiden großen,

aber sehr verschiedenen Opernkomponisten.

Eine verzauberte Landschaft wie im Märchen: So poetisch sahen und malten die Künstler der Romantik die Natur. Dieses Bild stammt von Caspar David Friedrich und heißt Kreidefelsen auf Rügen.

Das 20. Jahrhundert in der Kunstmusik

Das 20. Jahrhundert – es ging ja erst vor kurzer Zeit zu Ende – ist ein Jahrhundert, in dem unglaublich viel passiert ist. In der Technik und Wissenschaft, der Lebensweise der Menschen und in der Politik fanden in diesen 100 Jahren ungeheure Umwälzungen statt, die ein paar Jahrhunderte zuvor in dieser Form und Geschwindigkeit undenkbar gewesen waren.

Bislang hatte man über den Mond Gedichte und Lieder geschrieben – im 20. Jh. flogen die ersten Menschen mit einer Rakete dorthin. Bereits seit 1877 konnte man Töne, seit 1895 Bilder aufzeichnen, und seit 1920 konnte Musik im Radio gesendet werden – und das sind nur einige von vielen Entwicklungen. Die Musik reagierte da mit unterschiedlichen Strömungen.

In den 1920er- und 1930er-Jahren nannte man die Plattenspieler Grammophon. Die Grammophon-Lautsprecher sahen aus wie große Trichter.

Klar war, dass in der Kunstmusik, die wir in diesem Kapitel betrachten, die Romantik zu Ende ging. Um die Jahrhundertwende kündigte sich der Aufbruch in eine neue Musik bereits im so genannten Impressionismus an, in dem die Musik sehr feinsinnig, gefühlvoll und wie mehrere ineinander verschwimmende Konturen wirkte.

Der Impressionismus wurde z.B. durch *Claude Debussy* oder auch *Maurice Ravel* vertreten.

Eine andere Richtung beschritt man im Expressionismus, der leidenschaftlich und extrem ausdrucksstark war.

Viel Licht und Farbe, verschwommene Konturen: Unter Flieder in Maurecourt, gemalt von der impressionistischen Malerin Berthe Morisot.

Sportwagen von damals: der „Talbot Lago Record", Baujahr 1949 (links) und der „Porsche 356 B", Baujahr 1961 (rechts).

45

Der Komponist Arnold Schönberg z.B. wandte sich zunächst der freien Atonalität zu. Diese war der Anfang einer Entwicklung zur so genannten Neuen Musik. Ab 1921 entwickelte er dann die Zwölftontechnik (Dodekaphonie). Dies ist eine Kompositionsmethode mit 12 Tönen, die nur aufeinander bezogen sind. Schönbergs Ziel dabei war eine neue „Ordnung und Gesetzmäßigkeit", die an die Stelle der formgebenden Kraft der tonalen Harmonik treten sollte. Wie muss man sich das vorstellen?

Einer in der Zwölftontechnik gehaltenen Komposition liegt grundsätzlich eine Zwölftonreihe zugrunde, die dann verschiedene Erscheinungsformen annimmt. Jede dieser Formen kann man 11-mal transponieren. Alban Berg und Anton (von) Webern, beide Schüler von Schönberg, schufen ebenfalls atonale und zwölftönige Werke.

Die so genannte neue Sachlichkeit bildete einen Gegenpol zum leidenschaftlichen Expressionismus. Komponisten wie Paul Hindemith oder Kurt Weill schufen hierbei Musik, die einfacher, nüchterner und mehr der tonalen Harmonik verhaftet war.

Wieder andere Komponisten stützten sich auf Bewährtes aus der Vergangenheit – diese Strömung, vertreten z.B. durch Werke von Igor Strawinsky, Sergej Prokofjew, Paul Hindemith oder auch Ottorino Respighi, nennt man Neoklassizismus. Dass ein Komponist wie z.B. Igor Strawinsky die Stilrichtung auch mal wechselte, war keine Seltenheit.

Der in Wien geborene Komponist Arnold Schönberg (1874 – 1951), hier mit seinem Sohn Georg, hat die so genannte Zwölftontechnik (Dodekaphonie) entwickelt.

John Cage war ein prägender Vertreter der Aleatorik – das ist Musik, in der dem Zufall eine bedeutende Rolle zukommt. Cage legte z.B. auch bei seinem „präparierten Klavier" verschiedene Sachen zwischen und auf die Saiten des Klaviers, um veränderte Klänge zu erhalten. Überhaupt waren neue Klänge und Klangkombinationen, die mit dem Fortschreiten der Entwicklung von Elektronik und Technik gut zu erzielen waren, willkommene Gestaltungsmöglichkeiten für die modernen Musiker.

Darüber hinaus gab es z.B. noch die so genannte serielle Musik in den 1950er-Jahren, in der bestimmte Musikmerkmale (z.B. Lautstärke oder Rhythmus) in Reihen vorbestimmt sind.

Dies sind ein paar wichtige Strömungen aus diesem vielschichtigen Jahrhundert, das voller Ereignisse und Entwicklungen, voller Freud und Leid und musikalisch sehr spannend war.

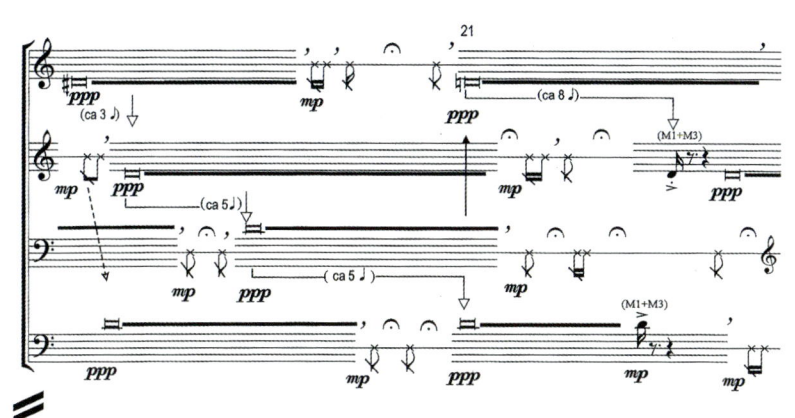

„Neue Musik": ein Notenbeispiel

Aufnahmen in einem Tonstudio in den 1950er-Jahren.

Das lateinische Wort alea heißt „der Würfel".
Wie beim Fallen der Würfel spielt auch in der Aleatorik
der Zufall eine wichtige Rolle – daher der Name.

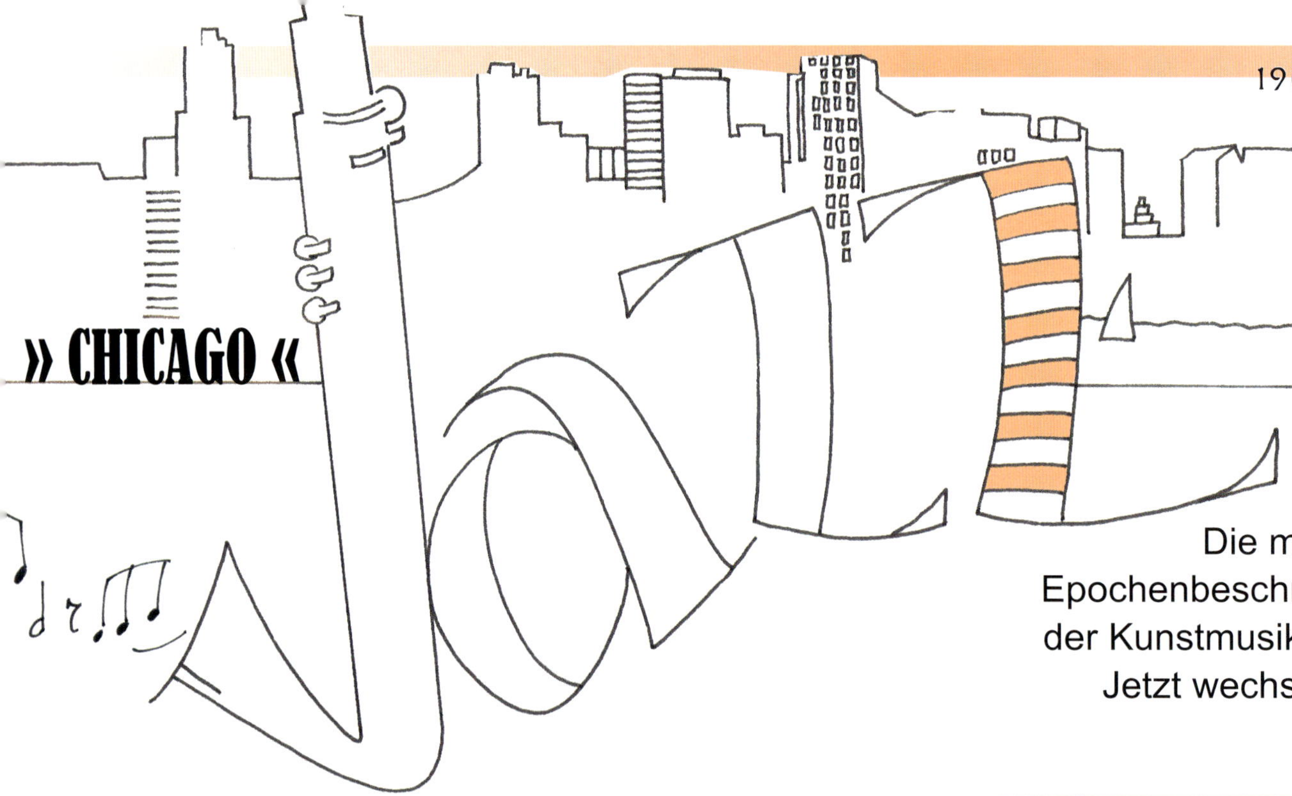

» CHICAGO «

Der Jazz

Die meisten der vorhergehenden Epochenbeschreibungen haben sich ja mit der Kunstmusik hier in Europa beschäftigt. Jetzt wechseln wir den Schauplatz und auch die Musikart:

Wir wenden unsere Augen nach Amerika, denn jetzt geht's um den Jazz.

Begonnen hat es in den USA. Die während der Sklavenzeit aus Afrika verschleppten schwarzen Sklaven hatten Elemente aus der Musik ihrer Heimat mit nach Amerika gebracht. Ihre Musik vermischte sich mit Teilen der europäischen Musik, z.B. aus Märschen und Tanzmusik. Es entstanden Stile wie z.B. der Spiritual, Worksongs, der Blues, die so genannten Marching Bands, die bei Festen, Hochzeiten und Begräbnissen spielten, und der Ragtime, ein Klavierstil.

Die ersten Jazzbands, Mini-Ausgaben der Marching Bands, gab es in New Orleans.

Eine Jazzkapelle, zusammen mit der amerikanischen Schauspielerin Mae Murray in dem Film Circe, the Enchantress *(1924).*

Der Jazz kam um 1900 auf und ist in seinem Grundcharakter improvisierte Musik, obwohl er auch komponiert, in Noten festgehalten und arrangiert werden kann. Die Musik ist meistens sehr ausdrucksstark, und die führende Rolle haben die Instrumente, nicht der Gesang. Typisch für Jazzmusik sind u.a. die Hot Intonation, eine charakteristische Tongebung, die voller Gefühlsausdruck ist, und der Offbeat, der vom regelmäßigen Schlagen abweicht und für den jazz-eigenen, anregenden „swing" sorgt.

Folgende Stilrichtungen haben sich beim Jazz herausgebildet:

Um 1900 kam in New Orleans der New-Orleans-Jazz auf, dessen Brennpunkt aber um ca. 1920 Chicago wurde, wo der so genannte Chicago-Stil entstand. Einer der großen Jazzstars war der berühmte Trompeter Louis Armstrong. Der schon früh von den Weißen nachgeahmte New-Orleans-Jazz nannte sich Dixieland.

MEMPHIS BLUES

Er gehörte zu den großen Stars der Jazzmusik: der weltberühmte Trompeter Louis Armstrong.

Zu Anfang der 1930er-Jahre begann die Ära des Swing. In der Swing-Musik hatten die Big Bands und ihre Leiter (z.B. Count Basie und Benny Goodman) eine große Bedeutung.
Um 1940 entstand in New York der Bebop, der Dissonanzen und ein rasend schnelles Tempo aufwies. Dizzy Gillespie und Charlie Parker waren bekannte Vertreter dieses Stils.
Weiter gab es noch den Cool Jazz, den Free Jazz und ab ca. 1970 den Electric Jazz.
In den zurückliegenden Jahrzehnten gab es so genannte Revivals, und die Stile des Jazz wurden vielfach vermischt.

Der berühmte Jazzmusiker Erwin Lehn (vorne links) hat sich in Berlin und Stuttgart um den deutschen Big-Band-Jazz sehr verdient gemacht. Er liebte die Jazzmusik und wollte sie durch Rundfunk und Konzerte einem breiten Publikum in Deutschland zugänglich machen.
Mit seinem „Südfunk-Tanzorchester", das er ab 1951 leitete, ist ihm das auch hervorragend gelungen!
Im Jahr 2001 erhielt Erwin Lehn die German Jazz Trophy „Alive for Jazz".

Ein musikalischer Gedanke ist der Beginn einer neuen Melodie.

Im letzten Kapitel, als es um den Jazz ging, war von der Improvisation die Rede, die in der Jazzmusik ja sehr bedeutend ist. Improvisieren heißt in der Musik, dass man am Instrument eine Melodie spielt, die man sich gerade im selben Moment spontan ausdenkt.

Probier das ruhig mal: Setz dich an dein Instrument und spiele einfach drauflos eine Melodie, die dir jetzt einfällt und die du noch nicht kennst. Sei ruhig ein bisschen mutiger: Werde mal lauter und mal leiser, schneller oder langsamer, lass deiner Fantasie freien Lauf.

Die Musik, die du improvisierend gespielt hast, ist ein einmaliges Ereignis, geschaffen von dir. Wenn du kein Instrument spielst, kannst du auch beim Singen improvisieren!

musik

5 CENT A
DANCE

Der Schlager

Die Bezeichnung „Schlager" gibt es schon länger. Sie kam in der zweiten Hälfte des 19. Jh. auf und bezog sich auf eine Melodie, die beim Publikum sozusagen „einschlug" und sehr beliebt war.

Im 20. Jh. wurde der Schlager zu einer eigenen Gattung, und in unserer Zeit meint man damit meist ein deutschsprachiges Lied, das in der Regel von einem / einer Schlagersänger(in) gesungen wird und Stilelemente des Pop in sich trägt.

Die Musikbox, auch Jukebox genannt, war ein Münzautomat, mit dem man Schallplatten abspielen konnte. In vielen Gaststätten war damals eine Jukebox aufgestellt; wer Geld einwarf, konnte sich aussuchen, welche Platte der Automat jetzt auflegen sollte.

Schlagermusik ist Unterhaltungs- und Tanzmusik und in einfacher Harmonik und Melodik gehalten. Die meist wenig komplizierten Texte des Schlagers handeln von

Liebe, Träumen, Sehnsüchten, fernen Ländern u.a.

Dabei werden die Gefühle des Zuhörers stark angesprochen. Über Radio, Fernsehen u.a. und über Tonträger wie z.B. die CD und früher die Schallplatte erreicht der Schlager ein sehr breites Publikum. Die erfolgreichsten Schlager stehen an der Spitze der Hitparaden. Von den Schlagern der jüngsten Zeit wirst du vermutlich einige kennen. Vielleicht macht es dir aber auch Spaß, ein paar von den älteren zu hören? Frage ruhig mal deine Eltern oder Großeltern, ob sie noch Schallplatten mit Schlagern z.B. aus den 1970er-Jahren oder aus früherer Zeit haben – für eine vergnügliche Reise in die Schlager-Vergangenheit ...!

Rock, Pop „und Co." ...

Kennst du Elvis Presley, Bill Haley oder Chuck Berry?
Und hast du schon mal gesehen, wie Rock 'n' Roll getanzt wird?

Der Rock 'n' Roll entstand in den USA, und zwar in den frühen 1950er-Jahren, aus dem so genannten Rhythm and Blues und der Countrymusic.
Die Rock-'n'-Roll-Musik enthielt sehr häufig das Bluesschema, und sie war schnell, fetzig und laut.
Wie ging es weiter?
Von ca. 1960 bis zur Mitte der 1960er-Jahre war die Ära der Beatmusik, die in Großbritannien zu Hause war und sich durch eine abgewandelte Spielart von Rock-'n'-Roll-Standards entwickelte.
Die Beatles waren wohl die berühmtesten Vertreter dieser Strömung, in der kompliziertere Harmonien vorherrschten und der Beat mehr betont wurde als im Rock 'n' Roll.

Yesterday ...

Die Beatles: Das Quartett aus Liverpool gehört zu den erfolgreichsten Bands aller Zeiten.

54

In der Mitte der 1960er-Jahre liegen die Anfänge der Rockmusik, die vor allem aufgrund des Mediums CD (bzw. früher Schallplatte) weltweit unglaublich verbreitet und bekannt ist. Der Name Rockmusik oder Rock geht aus einer Abkürzung der Bezeichnung Rock 'n' Roll hervor. Es ist schwer, genau festzuhalten, was den Charakter der Rockmusik ausmacht, da es davon sehr viele Einzelstile gibt.

Hier ein paar Merkmale: Es gibt in der Rockmusik eine Basisbesetzung, die aus Schlagzeug, Lead-, Rhythmus- und Bassgitarre besteht. Weiter liegt ein durchgehend geschlagener Beat vor. Die Form wird z.B. durch längere Improvisationen freier gestaltet als bei vielen anderen Stilen der Popularmusik, und der spezielle Sound entsteht u.a. dadurch, dass die Musik elektrisch verstärkt oder verändert wird. Es wurde immer beliebter, frei zur Musik zu tanzen.

Im Tanzfieber: Jugendliche Rock-'n'-Roll-Tänzer in den 1950er-Jahren.

ROCK 'N' ROLL

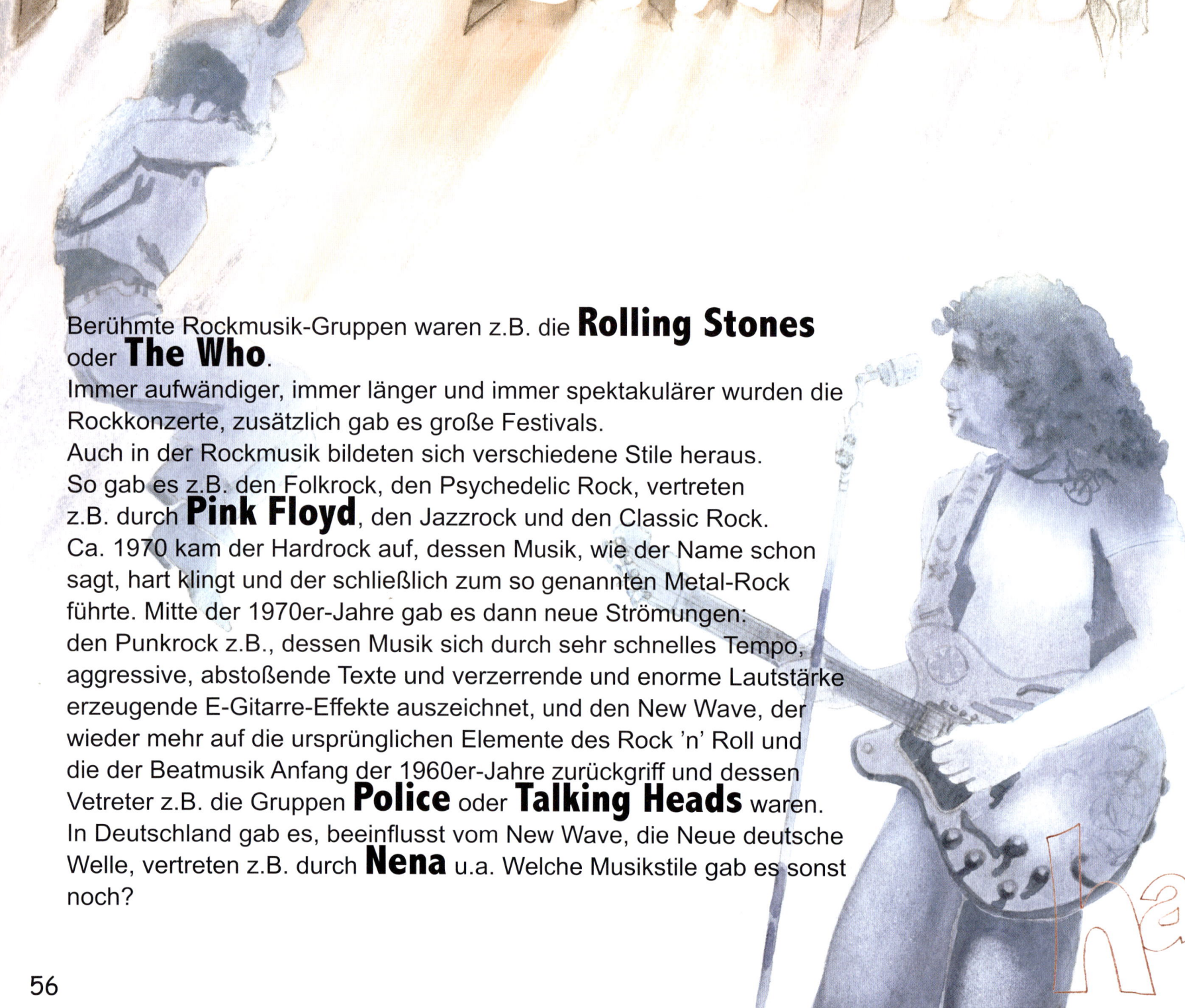

Berühmte Rockmusik-Gruppen waren z.B. die **Rolling Stones** oder **The Who**.

Immer aufwändiger, immer länger und immer spektakulärer wurden die Rockkonzerte, zusätzlich gab es große Festivals.

Auch in der Rockmusik bildeten sich verschiedene Stile heraus. So gab es z.B. den Folkrock, den Psychedelic Rock, vertreten z.B. durch **Pink Floyd**, den Jazzrock und den Classic Rock. Ca. 1970 kam der Hardrock auf, dessen Musik, wie der Name schon sagt, hart klingt und der schließlich zum so genannten Metal-Rock führte. Mitte der 1970er-Jahre gab es dann neue Strömungen: den Punkrock z.B., dessen Musik sich durch sehr schnelles Tempo, aggressive, abstoßende Texte und verzerrende und enorme Lautstärke erzeugende E-Gitarre-Effekte auszeichnet, und den New Wave, der wieder mehr auf die ursprünglichen Elemente des Rock 'n' Roll und die der Beatmusik Anfang der 1960er-Jahre zurückgriff und dessen Vetreter z.B. die Gruppen **Police** oder **Talking Heads** waren. In Deutschland gab es, beeinflusst vom New Wave, die Neue deutsche Welle, vertreten z.B. durch **Nena** u.a. Welche Musikstile gab es sonst noch?

Ebenfalls Mitte der 1970er-Jahre entstand z.B. in den USA der Rap, der der Hip-Hop-Kultur der Jugendlichen zuzuordnen ist. Beim Rap wird zu einer instrumentalen Hintergrundmusik ein Text rhythmisch gesprochen. Bedeutende Stile der neueren Zeit sind u.a. House und der daraus Ende der 1980er-Jahre hervorgegangene Techno, eine Tanzmusik mit schnellem Tempo, zu der es u.a. Rave-Partys und Festivals gibt. Techno-Musik wird mit dem Computer produziert.

Aber was ist jetzt Popmusik? Das Wort Popmusik oder Pop ist eine Abkürzung der englischen Bezeichnung „popular music" und bezieht sich oftmals auf Unterhaltungsmusik, leichtere Rockmusik, Schlager u.a., die bei einem sehr großen Publikum beliebt sind. Es ist also ein etwas weiterer Begriff. Welche Popgruppe magst du denn am liebsten?

ON TOUR
21.04. Hamburg
25.04. Berlin
29.04. Leipzig
02.05. Köln
05.05. Stuttgart
07.05. München

NEW ALBUM IN STORES NOW

BUY TICKETS NOW!

rock

Der Rap als Gesangsform und der Breakdance als Tanzform sind die zwei bedeutendsten Elemente der Hip-Hop-Kultur. Hier siehst du einen Breakdancer „in action".

III. Womit macht man Musik? Unsere Instrumente im Wandel der Zeit

Im Einführungskapitel ging es um die Entstehung von Musik, und dabei kam heraus, dass der Schall durch das Schwingen der Luft erzeugt wird.
Jetzt geht es darum, mit welchen Mitteln man das zu Wege bringt.
Begleite uns doch auf unserem Spaziergang durch die Welt der Instrumente.
Vermutlich wirst du erstaunt sein, auf welch unterschiedliche Weise und in welcher Vielfalt man es schafft, die Luft zum Schwingen zu bringen.

Mit den Instrumenten der Vergangenheit fangen wir an:

Stell dir mal vor, du könntest mit einem gewaltigen Sprung durch die Zeit in die Vergangenheit reisen und – zum Beispiel – Mozart aus dem 18. Jh. in unsere Gegenwart holen. Was glaubst du, wie er wohl reagieren würde, wenn man ihm den Synthesizer zeigen würde? Und was würdest du umgekehrt sagen, wenn du z.B. in die Zeit der Renaissance reisen und auf einem Zink blasen dürftest, einem Instrument, das es heute nur noch im Museum gibt?

Musizieren am Tisch: Auf diesem Bild aus dem Jahr 1603 erkennst du die schönen Instrumente dieser Zeit.

Willkommen im Museum!

Die Zeiten ändern sich, und mit ihnen die Instrumente. Wie die Instrumente der Zukunft aussehen, weiß heute noch keiner. Wenn du aber jetzt unsere Museumsseiten „besichtigst", lernst du ein paar bedeutende Instrumente aus der Vergangenheit kennen.

Drehleier

Die Drehleier kennt man schon seit dem 10. Jh., und im Mittelalter war sie ein sehr angesehenes Instrument. Sie gleicht in ihrer Gestalt der Fidel oder auch der Gitarre, und ihre Saiten werden von einem Scheibenrad gestrichen. Eine Zeit lang galt sie als das Musikinstrument der Blinden und der Bettler. Heute sieht und hört man die Drehleier wieder vor allem, wenn Straßenmusikanten sie spielen.

Eine Nonne spielt die Drehleier: ein Bild aus einem Stammbuch, Ende des 16. Jh.

Moderne Drehleier nach altem Vorbild.

59

Rebec

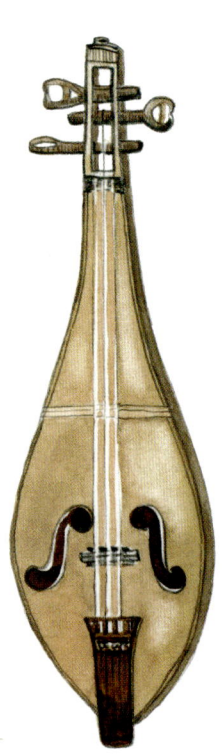

Das Rebec kam im 10. Jh. über Spanien und Byzanz in den mitteleuropäischen Raum. Das birnenförmige Streichinstrument hatte bis zu fünf Saiten und gelegentlich so genannte Bordunsaiten, die einen tiefen Begleit- oder Halteton erzeugten.

Fidel / Fiedel

Die Fidel gehört zu den wichtigsten Streichinstrumenten des Mittelalters. Sie gilt als die Vorfahrin der Violenfamilie, also auch der heutigen Geige. Man hielt sie vor der Brust, im Schoß, an der linken Schulter oder auch am Knie.

Die Memling-Fidel nach altem Vorbild.

Psalterium

Das Psalterium stammt ursprünglich aus dem Orient. Das zither- (im Mittelalter und danach oft hackbrett-)artige Saiteninstrument wurde mit den Fingern oder mit einem Plektron gezupft.

Monochord

Man sagt, der berühmte griechische Philosoph und Mathematiker Pythagoras hätte das Monochord erfunden. Über zwei Stege ist an einem länglichen Resonanzkasten eine Saite gespannt, die herabgedrückt und an dem kürzeren Saitenteil gezupft oder mit einem Plektron angerissen wird.

Traversflöte

Bis ins 18. Jh. hinein wurde die im Orchester verwendete Querflöte Traversflöte genannt bzw. Traverso oder Traversière. Sie hatte noch bis ins 17. Jh. in der Regel sechs Grifflöcher, ab ca. 1650 gab es dann die ersten Traversflöten mit Klappen. Die Blütezeit der Traversflöte war das 18. Jh.

Ende 16. Jh.: Ein Pilger spielt die Traversflöte.

Schalmei

Die Schalmei stammt aus Arabien. Sie hat ein doppeltes Rohrblatt und sechs bis sieben Grifflöcher. Das mittelalterliche Blasinstrument hat einen scharfen Klang und wird noch heute auf dem Balkan, in Spanien und im Vorderen Orient gespielt.

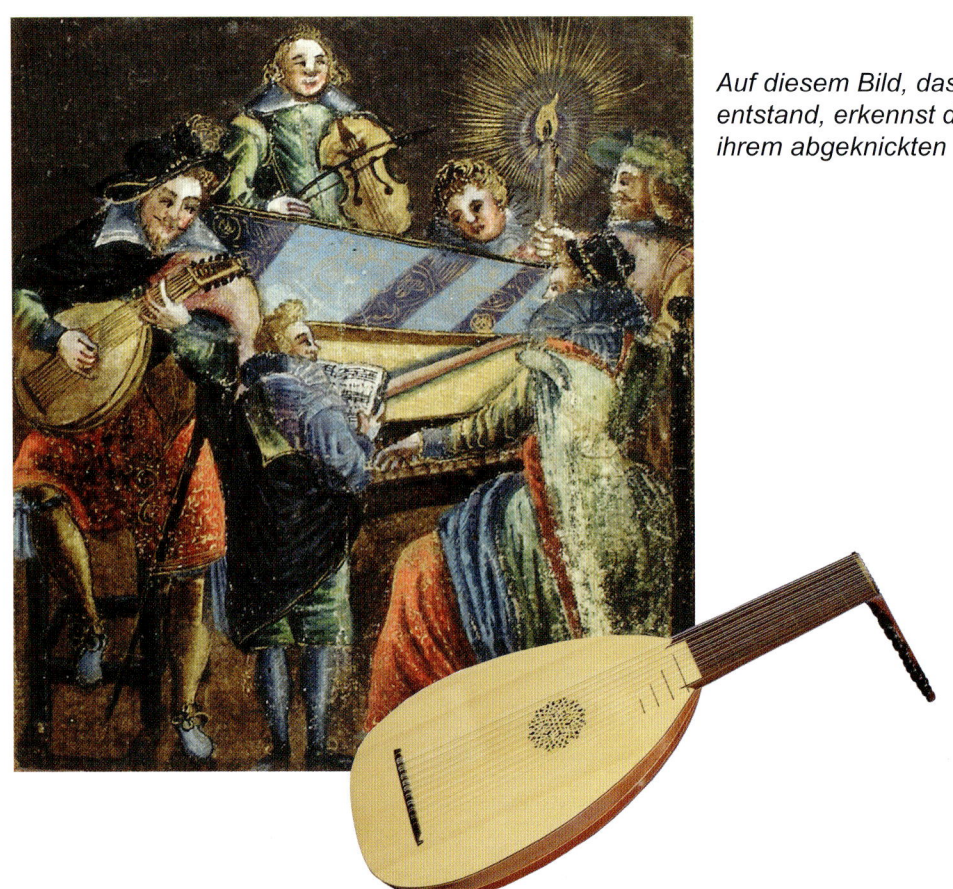

Auf diesem Bild, das Ende der Renaissancezeit entstand, erkennst du deutlich eine Laute mit ihrem abgeknickten Wirbelkasten.

Europäische Laute

Im Hochmittelalter brachten die Araber den so genannten Ud nach Spanien. Aus ihm entwickelte sich dort im 13. / 14. Jh. die europäische Laute. Ihre Blütezeit war im 16. und 17. Jh. Der Resonanzkörper der Laute sieht wie eine längs durchgeschnittene Birne aus. Auffällig ist der nahezu rechtwinklig vom kurzen Hals abgeknickte Wirbelkasten.

Zink

Der Zink ist ein Blasinstrument, das in der Renaissancezeit gespielt wurde. Der Ton, der über die Lippenspannung erzeugt wird, hat Ähnlichkeit mit dem einer gedämpften Trompete. Das größte Instrument aus der Familie der Zinken war der Serpent. Er wurde noch bis zum Anfang des 19. Jh. gespielt.

Orlando di Lasso

Die Münchner Hofkapelle unter der Leitung des berühmten Renaissance-Komponisten Orlando di Lasso (ca. 1532 - 1594), der zu seiner Zeit als "Fürst der Musik" galt. Vorne links siehst du einen Musiker mit einer Viola da Gamba.

Viola da Gamba (Kurzform: Gambe)

Diese Streichinstrument-Familie kam gegen Ende des 15. Jh. in Spanien auf. Die Gamben, man nennt sie auch Kniegeigen, haben sechs Saiten und werden im Sitzen in Kniehaltung und mit Untergriff-Bogenhaltung gespielt. Oft meint man mit Viola da Gamba auch nur ein spezielles Mitglied dieser Familie, nämlich die Gambe in Tenor-Bass-Lage, die oft noch eine siebte Saite hat. Im 16. – 17. Jh. war die Viola da Gamba das bedeutendste Streichinstrument in der Ensemblemusik.

Klavichord

Das Klavichord ist der Nachfolger des Monochords. Seine Saiten werden von Metallstiften, so genannten Tangenten, angeschlagen. Das Instrument wurde im 14. Jh. entwickelt und erfreute sich im 18. Jh. in der Zeit der Empfindsamkeit großer Beliebtheit.

Etwas Besonderes: das Nähkästchenklavier

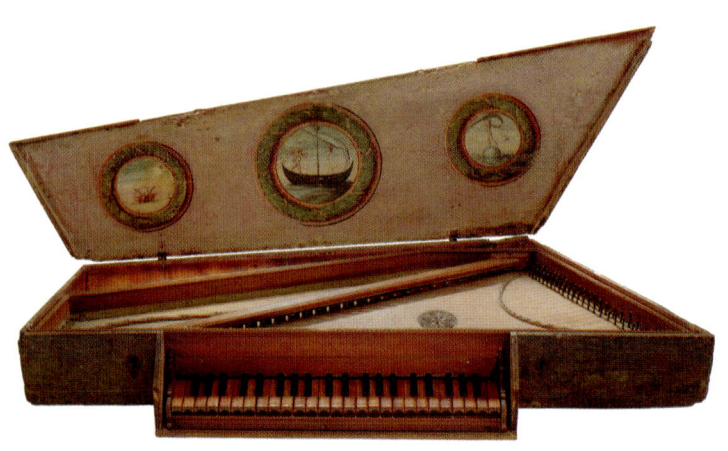

Spinett

Das Spinett ist ein kleines Cembalo, das wie seine „große Schwester" in der Barockzeit sehr beliebt war und bei dem die Saiten (ebenso wie beim Cembalo) angerissen, nicht wie beim Klavier angeschlagen werden. Es diente mehr der Hausmusik und als Begleitinstrument.

Virginal

Das Virginal ähnelt dem Spinett. Auch
bei ihm werden die Saiten angerissen.
Es war im 16. und 17. Jh. verbreitet.

Drehorgel (Leierkasten)

Sie gilt als ein Instrument der Straßenmusikanten
und Bänkelsänger, und es gibt sie schon seit
ca. 1700: die Drehorgel, eine Kleinorgel zum
Herumtragen oder -fahren, die man mit einer Kurbel
bedienen kann. Sie hat gedackte Pfeifen, und ihre
Ventile werden mit Hilfe von Lochstreifen (früher war
es eine Stiftwalze) geöffnet.

Hat es dir in unserem Museum gefallen?

Du hast hier nur eine kleine Auswahl aus der Instrumentenwelt unserer Vorfahren gesehen.
Aber in der Gegenwart wartet noch viel mehr auf dich: Wenn du diese Seite umblätterst und das
Museum verlässt, lernst du eine Vielzahl unserer heutigen Instrumente kennen – unterteilt nach
den Familien, zu denen sie gehören.

MusiKinstrumente von heute
BLASINSTRUMENTE
Holzblasinstrumente

In der Flötenwerkstatt ...

Blockflöte

Die Blockflöte gilt als die Favoritin unter den Anfängerinstrumenten, da sie leicht anzublasen und mit ihren acht Grifflöchern verhältnismäßig einfach zu handhaben ist. Wenn man in das Mundstück der Flöte hineinbläst, teilt sich der Luftstrom an der Aufschnittkante, und die Luft in der Flöte fängt an zu schwingen. Folgende „Mitglieder" gehören zur Familie der Blockflöten: die Sopraninoflöte, die Sopranflöte, die Altflöte, die Tenor- und die Bassflöte.
Je länger die Flöte ist, umso tiefer ist ihre Tonlage.

Bassflöte

Altflöte
aus Palisander

Sopraninoflöte
aus Ahorn

Sopranflöte
aus Birnbaum

Tenorflöte

Doppelrohrblatt

Fagott

Hast du gewusst, dass man das Fagott auch gerne den „großen Bruder" von der Oboe nennt? Nun, es ist wie seine „kleine Schwester" ein Doppelrohrblatt-Instrument. Der Name kommt von dem italienischen Wort fagotto (Bündel) und bezieht sich darauf, dass beim Fagott mehrere Rohre „zusammengebunden" sind. Man trägt das Instrument an einem Band um den Hals und bläst es, weil es so lang ist, von der Seite über ein Anblasrohr an. Es hat einen tiefen Klang, der sich bei höheren Tönen ein bisschen näselnd und in den Tiefen wunderbar satt und dunkel anhört.

Oboe

Das Besondere an der Oboe ist, dass sie mit einem so genannten Doppelrohrblatt, das sind zwei dünne Holzblättchen aus einer Art Bambusrohr, angeblasen wird. Dieses Doppelrohr presst der Spieler zwischen seine Lippen, und dann bläst er einen Luftstrom durch die enge Öffnung zwischen den beiden Rohrblättern hindurch. Diese fangen an zu schwingen, und mit ihnen schwingt auch die Luft innerhalb des Instruments. In ihrer heutigen Form entstand die Oboe ca. 1690 in Frankreich.

Einfaches Rohrblatt

Klarinette

Am Mundstück der Klarinette befindet sich ein einfaches Rohrblatt, festgeklemmt über einem kleinen Loch. Wenn der Spieler die Luft zwischen dieses Loch und das Rohrblatt presst, fangen das Blatt und die Luft innerhalb der Klarinette an zu schwingen. In der Regel sind die Klarinetten, die übrigens meist aus Ebenholz bestehen, auf den Ton B gestimmt.

Kontrafagott

Das Kontrafagott mit seiner dreifach geknickten Röhre klingt noch einmal eine Oktave tiefer als das Fagott.

Panflöte

Mundharmonika

Dudelsack

Weitere Holzblasinstrumente:
Alphorn
Bassetthorn
Englischhorn

Okarina

Didgeridoo

„… auch ich bin ein Blasinstrument!"

69

Querflöte

Sie kommt eigentlich aus Asien, und im Mittelalter war sie bei den Stadtpfeifern ein geschätztes Instrument. Die Querflöte besteht heutzutage aus Messing oder aus anderen Edelmetallen. Da ihre Vorfahren aus Holz waren, gehört sie aber immer noch zu den Holzblasinstrumenten. Wie der Name schon verrät, spielt man die Querflöte quer zum Gesicht. Beim Anblasen der Flöte schwingt die so genannte Luftsäule im Innern des Instruments, und durch das Schließen oder Öffnen der Klappen verändert sich diese Luftsäule, was zu den unterschiedlichen Tonhöhen führt. Am gebräuchlichsten ist die Große Flöte, die Querflöte in C, die man bis zum 18. Jh. auch als Traversflöte bezeichnete.

Einen wichtigen „Meilenstein" in der Entwicklung der Querflöte erreichte der Flötist Theobald Böhm, als er 1847 die so genannte Böhmflöte mit einem verbesserten Klappenmechanismus konstruierte. Es gab sogar einmal einen König, der leidenschaftlich gern auf der Querflöte spielte: Der preußische König Friedrich II., der „Alte Fritz", wie man ihn nannte, war im 18. Jh. ein bewunderter Flötenspieler.

Saxophon

Adolphe Sax, ein Instrumentenbauer aus Belgien, hat um 1840 dieses Blasinstrument entwickelt, daher der Name. Das Saxophon ist aus Metall und hat ein einfaches Rohrblatt. Insgesamt gibt es das Saxophon in acht Größen. Am bedeutendsten sind das Alt-Saxophon in Es und das Tenor-Saxophon in B. Seit ca. 1920 spielt das Saxophon im Jazz eine wichtige Rolle.

Mundstück des Saxophons

Pikkoloflöte

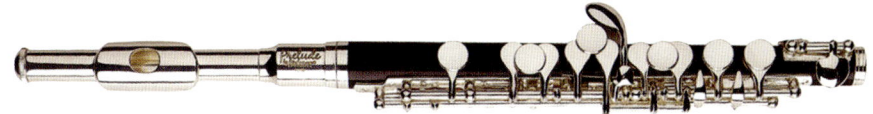

Zu den Querflöten gehört außerdem die Pikkoloflöte. Sie ist das höchstklingende Orchesterinstrument.

Blechblasinstrumente

Bei den Blechblasinstrumenten wird der Ton direkt durch die Lippen erzeugt.
Sie sind in der Regel aus Metall gefertigt.

In der Bläserwerkstatt ...

Trompete

Die Kelten hatten das Karnyx, die Römer ihre gewundene Bucina, im alten Skandinavien erklangen die Luren ...
Die Geschichte der Trompete reicht weit in die Vergangenheit zurück.
Das strahlend und hell klingende Instrument besteht heute meist aus Messing, aus Goldmessing oder aus Neusilber. Wenn der Spieler in das Mundstück hineinbläst, schwingen seine Lippen und die Luft innen im Rohr.
Die Lautstärke des erzeugten Tons wird durch den Schalltrichter verstärkt.
Mit den Ventilen, die übrigens im Jahr 1844 erfunden wurden, kann man das Rohr verlängern oder verkürzen und damit höhere oder tiefere Töne erzeugen.
Es gibt die Trompete in B, die kleine Trompete (Bachtrompete) und die Naturtrompete.

Fanfare

In der Militärmusik, bei Spielmannszügen oder auch in der Volksmusik ertönt die Fanfare, eine lange Trompete ohne Ventile, die man auch Fanfaren- oder Heroldstrompete nennt.

Flügelhorn

Vor allem in der Blasmusik kommt das Flügelhorn zum Einsatz, dessen Klang ein bisschen satter und samtiger ist als der der Trompete. Das Instrument hat die Form einer Trompete (nur ein bisschen größer und gedrungener) und gehört zur Familie der Bügelhörner.

Posaune

Bei der Posaune wird die Tonhöhe durch das Ineinanderschieben der flach gebogenen Messingrohre bestimmt: Je weiter der Spieler die Rohre ineinanderschiebt, umso kürzer wird die Luftsäule, die zum Schwingen gebracht werden kann, und umso höher wird der erzeugte Ton.
Heute gibt es vor allem die Tenor-Posaune. Seltener sind die Alt- und die Kontrabass-Posaune.
In der Jazz- und Tanzmusik ist die Posaune sehr beliebt.

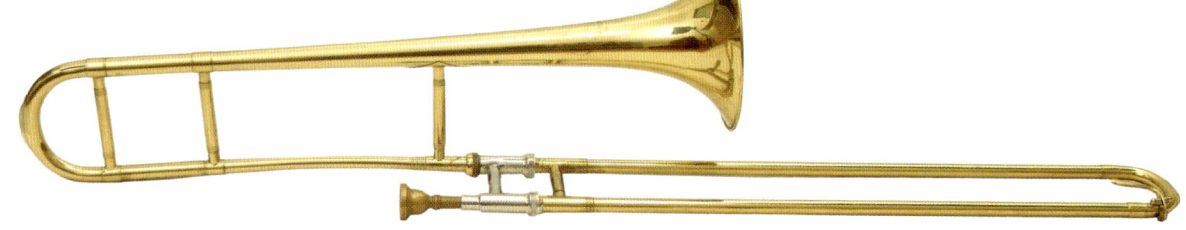

Waldhorn

Das Horn ist ein Instrument, das es schon seit langer Zeit gibt. Auf den Hörnern aus früherer Zeit, die noch keine Ventile hatten, konnte man nur wenige Naturtöne blasen und musste die Tonhöhe durch die Lippenspannung und den Luftdruck verändern. Mit Hilfe der Ventile kann das Horn hingegen alle Töne spielen. Das heutige Waldhorn hat ein kreisrund gebogenes Messingrohr.

Tuba

Das tiefste Blechblasinstrument ist die Tuba, die in der Regel vier Ventile hat. Der Schalltrichter der Tuba schaut beim Spielen nach oben.

Bariton

Das Bariton (Tenortuba) hat drei bis vier Ventile und einen schönen weichen Klang.

Sousaphon

Das Sousaphon, das aus Amerika stammt, hat einen nach vorne schauenden Schalltrichter. Es besteht aus Fiberglas und wird beim Marschieren von Militärkapellen geblasen.

SAITENINSTRUMENTE

Streichinstrumente

Der Körper eines Streichinstruments nennt sich Resonanzkasten. Über diesen Resonanzkasten spannen sich die Saiten, meistens vier Stück. Weiterhin besteht das Instrument aus dem Hals mit dem bundlosen Griffbrett und dem Wirbelkasten mit den Stimmwirbeln, der am Ende wie eine Schnecke aussieht. Die Saiten sind über dem Steg, einem dünnen Blättchen aus Hartholz, gespannt. Dieser Steg überträgt die Schwingungen der gestrichenen / gezupften Saiten auf den Resonanzkasten. In den dazugehörenden Bogen, mit dem der Spieler über die Saiten streicht, ist Pferdehaar eingespannt.

Die Tonhöhe ergibt sich aus der Länge der Saiten, die der Spieler verändern kann, wenn er diese mit dem Finger an der gewünschten Stelle ans Griffbrett drückt. Wenn der Spieler an den Saiten zupft, nennt man das übrigens „pizzicato".

Antonio Stradivari in seiner Geigenwerkstatt.

Antonio Stradivari: Ein großer Meister des Geigenbaus

Wann er geboren wurde, weiß man nicht so genau. 1644 oder 1648 – oder erst 1649? Auf jeden Fall gilt der Geigenbauer aus Cremona als einer der größten seines Faches.

Ca. 1700 kreierte er sein Geigenmodell, dessen Boden aus Ahorn- und dessen Decke aus Fichtenholz besteht und das aufgrund der hellroten Farbe auf goldgelber Lackierung in herrlichem Braun leuchtet.

Über 1100 Instrumente hat Stradivari, der ein Schüler des ebenfalls sehr berühmten Geigenbauers Nicola Amati war, gebaut, und es ist etwas ganz Besonderes, eine seiner überaus wertvollen (und sehr teuren) Geigen zu besitzen.

ch bei Geigenbauern
– gestern und heute

Violine / Geige

Die Violine ist das Streichinstrument mit der höchsten Stimmlage. Ihre Saiten sind auf die Töne g, d', a' und e" gestimmt, also immer eine Quinte auseinander. Und so wird die Violine gespielt: Man nimmt sie mit der linken Hand und setzt sie am Hals an. Dafür gibt es extra einen Kinnhalter. In die rechte Hand nimmt man den Bogen und streicht damit über die Saiten. Die Violine gehört zu den wichtigsten Instrumenten in der Orchester- und Kammermusik.

Viola / Bratsche

Der Name der Bratsche, die man wie die Violine am Hals angesetzt spielt, kommt von dem italienischen Wort „viola da braccio" („Armgeige"). Ihre Saiten (auf c, g, d' und a' gestimmt) klingen um eine Quinte tiefer als bei der Violine, und ihr Klang ist wunderbar warm und samtartig.

Der Bogen, mit dem der Spieler über die Saiten streicht, ist mit Pferdehaar bespannt.

Violoncello / Cello

Das Violoncello, auch Cello genannt, ist deutlich größer als Violine oder Viola, und deshalb setzt man es auch nicht am Hals an (das geht nicht!), sondern man hält es im Sitzen zwischen den Knien. Mit seinem ausziehbaren Stachel steht das Cello auf dem Boden.

Die Saiten des Cellos sind exakt eine Oktave tiefer gestimmt als bei der Viola, sodass das Instrument einen tiefen, seelenvollen Klang hat.

Kontrabass

Das riesengroße, bis zu zwei Meter hohe Instrument wird auch Bassgeige genannt und kann drei, vier oder auch fünf Saiten haben. Sein Resonanzkasten läuft am Hals spitz nach oben zusammen. Auch der Kontrabass hat einen Stachel, mit dem er auf dem Boden steht, und man spielt auf dem Instrument entweder hoch sitzend oder im Stehen.

Im Jazz ist der Kontrabass sehr wichtig, weil er dort (mit „pizzicato", also gezupft) den Grundrhythmus und die Harmoniefolge markiert.

C   G   d   a

8vb

E   A   D   G

ZupFinstrumente

Gitarre

Die Gitarre ist ein sehr vielseitiges und beliebtes Instrument. Es macht
großen Spaß, beim Singen von der Gitarre begleitet zu werden. Im
Jazz und in der Unterhaltungsmusik ist sie ebenfalls zu Hause, doch
andererseits kann man mit diesem Instrument auch wunderschöne und
sehr anspruchsvolle klassische Stücke spielen.
Der Resonanzkasten der Gitarre hat wie bei der Geige die Form einer Acht.
In der Decke befindet sich das runde Schallloch. Die Gitarre ist mit sechs
Saiten bespannt, die auf die Töne E, A, d, g, h und e' gestimmt sind und mit
der rechten Hand gezupft werden. Auch die Gitarre hat ein paar Verwandte:

E-Gitarre

Die E-Gitarre (Elektrogitarre)
wird fast nur von Rock- und
Jazzmusikern gespielt, und
deshalb finden sie vielleicht
viele Leute ein bisschen
„cooler" als eine akustische
Gitarre wie oben beschrieben.
Der Klang der E-Gitarre wird
durch Instrumentenverstärker
elektrisch verstärkt. Man kann
die Stahlsaiten der E-Gitarre
mit den Fingern zupfen oder mit
einem so genannten Plektron
anreißen.

Ukulele

Die Ukulele ist eine kleine
Gitarre mit vier Saiten.
In Polynesien ist sie ein
beliebtes Volksinstrument.

Hawaiigitarre

Die Hawaiigitarre ist eine große Gitarre, deren Metallsaiten mit einem Schlagring angerissen und mit einem Metallstab verkürzt werden, sodass ein charakteristischer Vibrato- und Glissandoeffekt entsteht.

Banjo

Beim Banjo handelt es sich um eine ursprünglich aus Westafrika stammende Schlaggitarre.

Das Plektron (Plektrum) ist ein Plättchen oder Stäbchen zum Schlagen oder Anreißen der Saiten eines Zupfinstruments.

Zither

Die Konzert-Zither hat einen kastenförmigen und flachen Resonanzkörper. Auf dem Griffbrett befinden sich die fünf Griffbrettsaiten. Zusätzlich hat die Zither noch mindestens 37 so genannte Freisaiten. Der Zitherspieler legt das Instrument auf einen Tisch oder auch auf seinen Schoß. Die Finger der linken Hand drücken an der gewünschten Stelle die Griffbrettsaiten auf das Griffbrett. Auf den Daumen der rechten Hand wird ein Metallring mit einem Dorn gesteckt, mit dem die Griffbrettsaiten angerissen werden. Die übrigen Finger dieser Hand zupfen die Freisaiten an.

Hackbrett

Das Hackbrett, dessen Saiten allerdings mit Klöppeln angeschlagen werden, ist eine Verwandte der Zither.

Harfe

Es gibt verschiedene Arten von Harfen. Heutzutage spielt man vornehmlich auf der Doppelpedal-Harfe, deren Tonumfang sich auf fast sieben Oktaven erstreckt, was ungefähr mit dem Klavier vergleichbar ist. Die Saiten der Harfe, 46–48 Stück, sind in einer Leiste eingehängt, die sich auf dem Resonanzboden des Harfenkorpus befindet, und werden mit den Fingerkuppen der rechten und der linken Hand angezupft. Damit der Spieler sich unter den vielen Saiten gut orientieren kann, sind einige von diesen farbig.

Mit Hilfe der sieben Doppelpedale kann man jeden Ton der Ces-Dur-Tonleiter um einen halben oder ganzen Ton erhöhen.

Sowohl im Orchester als auch als Soloinstrument bringt die Harfe, die bis zu 1,90 Meter hoch sein kann, wunderschöne, sanfte und elegant klingende Töne hervor.

Busuki

Die griechische Verwandte der europäischen Laute ist die Busuki, die mit einem Plektron gespielt wird.

Balalaika

Ein russisches Volksinstrument ist die Balalaika mit ihrem dreieckigen Resonanzkörper.

Mandoline

Auch die Mandoline mit ihrem kurzen Hals und den vier Doppelsaiten aus Metall ist ein Lauteninstrument.

Sitar

In der klassischen indischen Ragamusik ist der Sitar von großer Bedeutung.

Maultrommel

„... auch ich bin ein Zupfinstrument!"

Die Maultrommel wird auch Brummeisen genannt.

83

TASTENINSTRUMENTE

Die Saite schwingt – chordophone Tasteninstrumente

Bei den chordophonen Tasteninstrumenten wird der Klang durch schwingende Saiten erzeugt. Über den Resonanzkasten des Instruments sind Saiten gespannt, die beim Drücken der Tasten angeschlagen oder angerissen werden. Die Tonhöhe ergibt sich aus Länge, Dicke und Anspannung der Saiten.

In der Klavierwerksta

Klavier (Piano)

Das Klavier, man nennt es auch Piano (als Kurzform von „Pianoforte"), ist ein äußerst beliebtes Musikinstrument. Da seine Saiten kreuzweise vertikal, also aufrecht, angeordnet sind, muss sein Resonanzgehäuse nicht so groß sein wie beim Flügel, sodass man es viel einfacher zu Hause unterbringen kann. Die Saiten des Klaviers werden von den Filzhämmerchen von vorne angeschlagen.

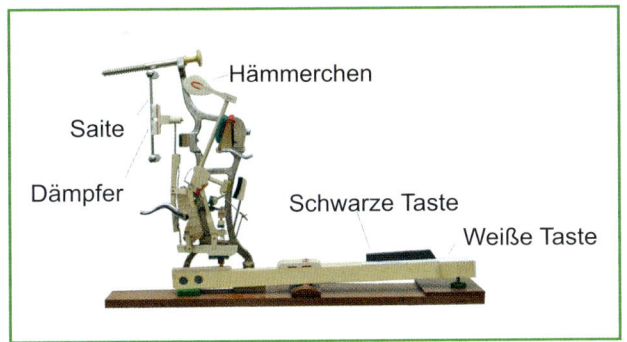

Wenn man die Taste drückt, schlägt das Hämmerchen gegen die Saite: die Mechanik des Klaviers.

Flügel

Von oben betrachtet sieht der Konzertflügel wie der Flügel eines Vogels aus, daher sein Name. Seine Form ist an die Länge der im Resonanzgehäuse längs zu den Tasten eingespannten Saiten angepasst: links die langen, tiefen Saiten, da wird der Flügel bis zu vier Meter lang, und rechts die kurzen, hohen Saiten, da wird das Gehäuse kürzer. Wenn der Spieler (Pianist) die Tasten anschlägt, wird dies wie beim Klavier über eine spezielle Mechanik auf ein Filzhämmerchen übertragen. Dieses Hämmerchen schlägt von unten gegen die Saite. Viele Klavierspieler träumen davon, dieses großartige Klavierinstrument zu besitzen.

Beethoven nannte seinen Broadwood-Flügel „Laut-Leise-Tasten-Kasten". Und damit hatte er recht, denn im Gegensatz z.B. zum Cembalo konnte und kann man beim Flügel und beim Klavier aufgrund der damals neuen Hammermechanik die Lautstärke des gespielten Tons selbst bestimmen: Je kräftiger man auf die Tasten drückt (dieses Drücken nennt man „Anschlag"), umso lauter wird der Ton. Kein Wunder daher, dass man in England, Frankreich und Italien „Pianoforte" oder „Fortepiano" zum Klavier sagt, wenn man mit diesem Instrument sowohl piano (leise) als auch forte (laut) spielen kann.

Cembalo

Auch das Cembalo hat die Form eines Flügels. Die Saiten des Cembalos werden nicht wie beim Klavier angeschlagen, sondern von einem Kiel aus Leder oder Kunststoff angezupft. Beim Cembalo kann man die Lautstärke nicht durch die Stärke des Anschlags bestimmen.

In der Barockzeit war das Instrument sehr beliebt. Viele barocktypische Verzierungen in der Melodie (z.B. Triller) gehen darauf zurück, dass man beim Cembalo den Ton nicht auf Wunsch länger klingen lassen konnte, sondern dafür mit solchen „tonverlängernden" Methoden arbeiten musste.

Mit einem Kiel wie diesem werden beim Cembalo die Saiten angerissen – nicht angeschlagen wie beim Klavier. Da die Saiten nicht durch Filze gedämpft werden, schwingen zusammen mit der angerissenen Saite auch viele andere mit.

Die Luftsäule schwingt – aerophone Tasteninstrumente

Bei den aerophonen Tasteninstrumenten wird der Klang durch schwingende Luftsäulen erzeugt.

Orgel

Hast du schon einmal in einer Kirche die Orgel erklingen gehört? Herrliche, ja fast königliche Klänge bringt dieses majestätische Instrument hervor, das man zuweilen auch „die Königin der Instrumente" nennt. Die Orgel hat meist mehrere Tastaturen, zu denen man hier Manualklaviaturen sagt, Pedale und so genannte Registerzüge. Diese drei Dinge muss der Orgelspieler (Organist) bedienen, um der Orgel die Töne zu entlocken. Das geschieht folgendermaßen: Die Orgel hat sehr viele unterschiedlich große Pfeifen, die in unterschiedlichen Stufen nach Klangfarben in so genannte Register geordnet sind. Diese riesengroße Menge an Pfeifen nennt man auch Pfeifenwald. Wenn in die Pfeifen Wind gelangt, entsteht der Klang. Der Organist lenkt, wenn er Tasten oder Pedale benutzt, den Wind mit Hilfe dieser Tasten, des Pedals und der Registerzüge in die gewünschte Pfeife. Der Wind wird heutzutage elektrisch erzeugt.

Im Pfeifenwald ...

Die Orgel der St.-Veit-Kirche in Gärtringen bei Stuttgart.

„Königin der Instrumente":
die Kirchenorgel.

Elektronische Tasteninstrumente

Harmonium

Ein weiteres aerophones Tasteninstrument, das man früher gerne als Ersatz für eine Orgel zu Hause und in der Kirche verwendete, ist das Harmonium. Beim Druckluft-Harmonium muss man abwechselnd auf zwei Pedale treten, um den Wind für das Instrument zu erzeugen. So werden die Holzpfeifen im Inneren zum Klingen gebracht.

Synthesizer

Der Synthesizer ist ein so genanntes Elektrophon, ein vollelektronisches Musikinstrument, mit dem man unglaublich viele Arten von Geräuschen und Klängen erzeugen kann. Über eine passende Schnittstelle kann man einen digitalen Synthesizer auch mit einem Computer verbinden.

Keyboard

„Ich habe ein neues Keyboard!" – „Super spielt der auf dem Keyboard!" – „Bring doch dein Keyboard mit!" ... Das Wort Keyboard taucht im musikalischen Alltag relativ häufig auf. In der Sprache der Rock- und Popmusik ist das Keyboard ein elektronisches Tasteninstrument, in das Lautsprecher eingebaut sind. Keyboards können ein Rhythmusgerät und eine so genannte Begleitautomatik haben, mit deren Hilfe die Begleitung zu einer Melodie beim Drücken der entsprechenden Taste von selbst ertönt. Mit einem Keyboard kann man ohne großen Aufwand ziemlich eindrucksvoll Musik machen! Richtig gut und anspruchsvoll wird es, wenn ein Könner am Werk ist.

Weitere Tasteninstrumente:

Hammondorgel
Digitalpiano
E-Orgel

E-Piano

...auch das sind Tasteninstrumente

Akkordeon

Das Akkordeon wurde 1829 entwickelt. Auf der Begleit- oder Bassseite im linken Kasten des Akkordeons befinden sich je nach Größe des Instruments 40 bis 120 Knöpfe, die einen Basston oder einen Akkord auslösen, wenn man sie drückt. Im rechten Kasten, auf der Diskant- oder Melodieseite, ist eine kleine Klaviertastatur, auf der man eine Melodie spielt. Damit Akkorde und Melodie aber auch erklingen, muss der Spieler zusätzlich noch den Blase- oder Faltenbalg drücken und auseinanderziehen, denn in beiden Kästen befinden sich frei schwingende Durchschlagzungen aus Metall. Diese werden durch den Luftstrom zum Klingen gebracht. Das Knopfakkordeon hat auf beiden Seiten Knöpfe und keine Tasten.

Melodica

Sie hat Tasten wie ein kleines Klavier: die Melodica.
Die in das Instrument geblasene Luft wird durch Klappen gesteuert, die durch das Drücken der Tasten bewegt werden. Der Klang entsteht wie beim Akkordeon durch die schwingenden Durchschlagzungen.

...aus Tasten werden Knöpfe

Konzertina

Die Konzertina hat ein sechseckiges oder quadratisches Gehäuse. Bei der deutschen Konzertina wechselt der Ton jeweils bei Druck und Zug, und im Bass ertönen Einzeltöne anstelle von Akkorden.

Bandoneon

Eine Weiterentwicklung der Konzertina ist das Bandoneon, das eine quadratische oder achteckige Gehäuseform hat und seit Beginn des 20. Jh. bei den klassischen argentinischen Tangoensembles verwendet wird.

Knopfakkordeon

SCHLAGINSTRUMENTE

Die Schlaginstrumente werden auch Perkussionsinstrumente genannt. Wir unterteilen sie in zwei Gruppen, nämlich Stabspiele (mit Glockeninstrumenten) und Schlagwerk:

Stabspiele mit Glockeninstrumenten

Diese Schlaginstrumente erzeugen Töne, die der Spieler bestimmen kann, sodass auf ihnen auch Melodien gespielt werden können.

Klangbausteine

Marimba – Marimbaphon

Die Marimba ähnelt dem Xylophon und hat zusätzlich noch Resonanzröhren. Sie stammt aus Afrika und wurde von den schwarzen Sklaven in Amerika eingeführt. Nach 1910 wurde sie mit dem Namen Marimbaphon zum Orchesterinstrument umgestaltet.

94

Xylophon

Werfen wir einmal einen Blick auf die griechische Herkunft dieses Wortes: „xylon"
heißt Holz und „phone" heißt Stimme. In der Tat hat das Xylophon Stäbe oder Platten,
die meistens aus Hartholz bestehen und auf einem Gestell befestigt sind. Jeder der
abgestimmten Klangstäbe erzeugt einen Ton, wenn man ihn mit den Schlägeln anschlägt.
Klang und Tonhöhe ergeben sich aus der Dicke, der Länge und der Beschaffenheit der
Klangstäbe.

Metallophon

Metallophone ähneln dem Xylophon,
allerdings sind die Klangplatten aus
Metall.

Die Schlägel dienen zum Anschlagen eines
Schlaginstruments und werden dafür fast immer
paarweise benutzt. Meistens bestehen sie aus
einem Holzstab, der abgerundet endet oder
einen Kopf aus Holz, Leder, Kork, Filz u. a. hat.

Die Glocken eines Glockeninstruments können unterschiedlich beschaffen sein: Da gibt es z.B. hohle Röhren oder an einem Gestell hängende Metallplatten. Zunächst war das Glockenspiel ein Instrument, das aus kleinen Glocken besteht, die nach Tonhöhen angeordnet sind.
In Mozarts *Zauberflöte* schlägt Papageno ein solches Glockenspiel. Heute gibt es z.B. folgende Glockeninstrumente:

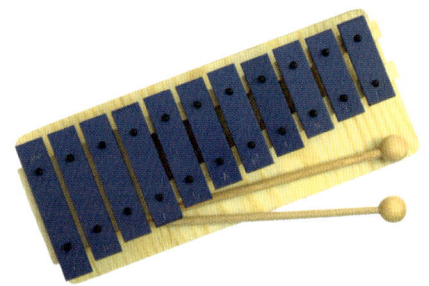

Glockenspiel

Hier siehst du ein modernes Glockenspiel, das z.B. in der Musikalischen Früherziehung verwendet wird. Unterschiedlich lange Metallplatten sind auf einem flachen Resonanzkasten angeordnet und werden mit Holzschlägeln geschlagen.

Konzertglockenspiel

Hier handelt es sich um ein xylophonähnliches Instrument, bei dem unterschiedlich lange Metallplatten mit Schlägeln aus Holz oder Metall angeschlagen werden.

Vibraphon

Das Instrument hat Platten aus Leichtmetall, zu denen jeweils eine Resonanzröhre gehört. Der Klang wird durch Öffnen und Schließen der Röhren verändert und durch ein Pedal gedämpft.

Röhrenglocken

Bei den Röhrenglocken sind Messingrohre in einem Rahmen aufgehängt. Größere Röhrenglockeninstrumente haben zur Dämpfung des Tones noch ein Pedal.

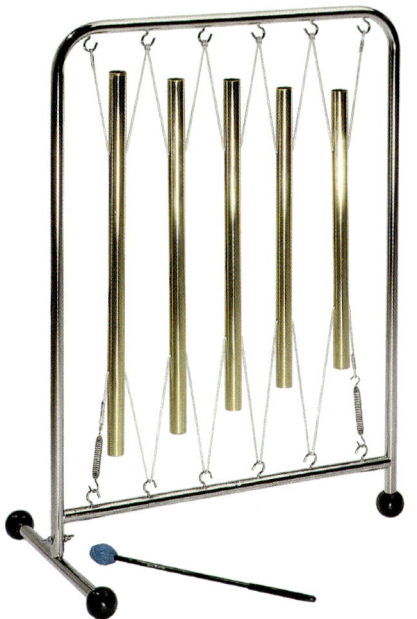

Lyra

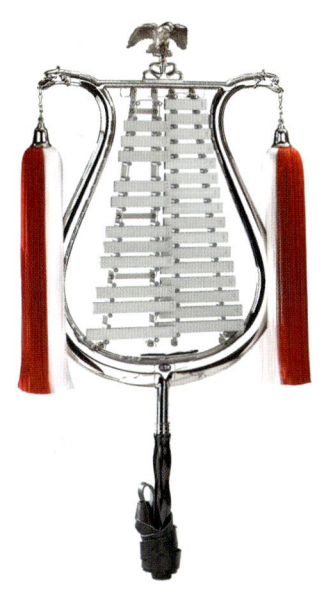

Die moderne Lyra ist wie die alte griechische Lyra geformt und kommt in Militärkapellen zum Einsatz. Man trägt sie mit der linken Hand an einem Stab und schlägt mit der rechten Hand die zweireihig angeordneten Stahlplättchen mit einem Hämmerchen an.

Chimes

Bei den Chimes hängen unterschiedlich lange Metallröhren an einem Träger. Diese werden in einem Zug vom höchsten zum tiefsten Stab angeschlagen.

Schlagwerk

Die jetzt folgenden Instrumente erzeugen einen Ton oder ein Geräusch, wenn man sie mit der Hand, aneinander- oder mit einem Schlägel schlägt. Manche werden auch geschrappt oder einfach nur geschüttelt.

Triangel

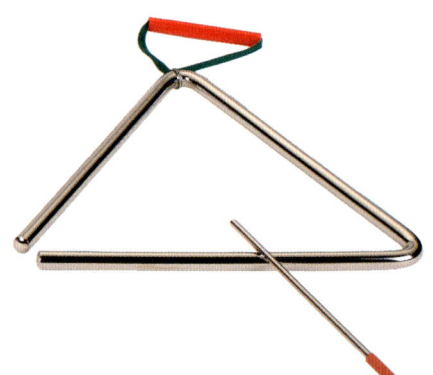

Das Triangel war einst in den Musikkapellen der türkischen Soldaten (Janitscharen) sehr beliebt. Es ist ein Dreieck aus Metall, das an einer Seite offen ist. Schlägt man mit dem Metallschlägel darauf, ertönt ein hoher Ton.

Glocke

In Vorderasien beherrschte man zuerst die Kunst des Glockengießens, doch auch bei uns in Europa ertönt schon seit Langem das vertraute Läuten der Kirchenglocken. Die Glocke ist ein hohler Klangkörper, der aus Metall gegossen wird. Angeschlagen wird sie entweder von innen (mit einem Klöppel) oder von außen (mit einem Hammer).

Glockenkranz

Beim Glockenkranz ist ein Halbkreis aus kleinen Glöckchen an einem Lederband befestigt. In den Glöckchen befinden sich kleine Mini-Klöppel, die gegen die jeweiligen Glockenwände schlagen.

Gong

Der Gong ist eine runde Metallplatte, die einen so genannten Schlagbuckel haben kann. Angeschlagen wird er mit einem hammerähnlichen oder einem rundköpfigen Schlägel. Besonders häufig findet man ihn in Südost- und Ostasien. Wenn der Gong geschlagen wird, hört sich das meist tief und dunkel an. Der chinesische Gong dagegen hat einen hell tönenden Klang.

Tamtam

Auch das Tamtam ist ein Gong. Es stammt aus Ostasien. Die dünne Bronzescheibe hat eine leichte Wölbung, aber keine Ausbuchtung in der Mitte. Im Gegensatz zum Gong erzeugt das Tamtam einen Klang mit unbestimmter Tonhöhe.

Becken

Das Beckenpaar sieht aus wie zwei Teller aus Metall. Wenn der Spieler sie gegeneinanderschlägt, gibt es einen lauten, grellen Klang. Beim hängenden Becken – es besteht aus einem einzelnen Becken-Teller – schlägt man diesen mit einem Schlägel oder Besen an.

Finger-Zimbeln

Sie sind „Mini-Becken" mit hellem, zarten Klang. Es gibt sie aus Bronze oder Messing.

99

Schon den Babys gefällt es, das Rasselchen zu schütteln und auf das dann ertönende Geräusch zu hören. Rasselinstrumente gibt es in verschiedenen Formen:

Schellen

Eine Schelle ist eine Gefäßrassel aus Blech mit einem Schlitz, in der sich ein rasselnder Körper oder ein Klöppel befindet. Im Orchester verwendet man Stäbe, Haltebänder oder auch Bündel, an denen Schellen befestigt sind.

Schellenkranz

Cabaza

Maracas

Diese Gefäßrasseln, die von den Indianern stammen, werden vor allem bei lateinamerikanischen Tänzen verwendet. Zwei hohle Kalebassen (oder Holz-, Kunststoff- oder Metallgefäße) mit Stiel sind mit Schrot, Steinchen oder Samenkörnchen gefüllt. Wenn der Spieler die Maracas schüttelt, gibt es ein zischendes Geräusch.

Schüttelrohr

Schellenstab

Holzblocktrommel / Holzblock

Die Holzblocktrommel ist ein rechteckiger Block aus Hartholz mit einer schlitzähnlichen Aushöhlung an den Längsseiten. Sie wird mit Holzkopfschlägeln angeschlagen.

Claves

Kastagnetten

Wenn du schon einmal Flamenco-Musik gehört hast, dürfte dir der klappernde Klang von Kastagnetten vertraut sein. Es handelt sich um kleine, löffelähnliche Plättchen aus Holz, die man gegeneinanderschlägt.

Guiro

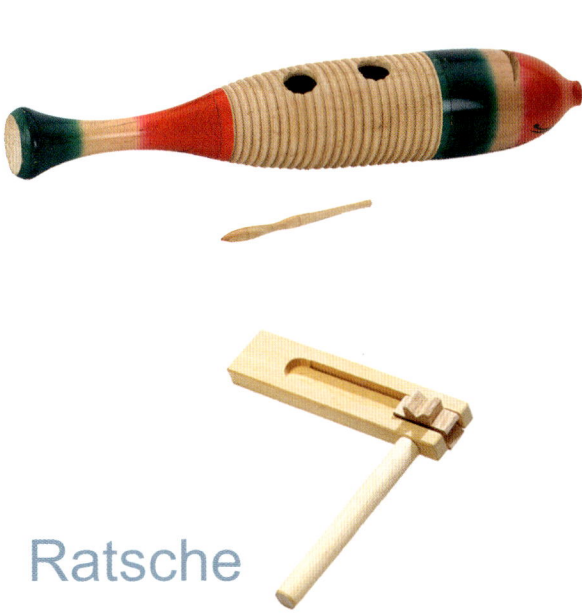

Dieses Instrument wird nicht geschlagen, sondern geschrappt. Man hört es z.B. bei der Samba. In einen ausgehöhlten Flaschenkürbis werden auf einer Seite Rillen eingekerbt. Über diese Rillen streicht der Spieler mit einem Holzstäbchen.

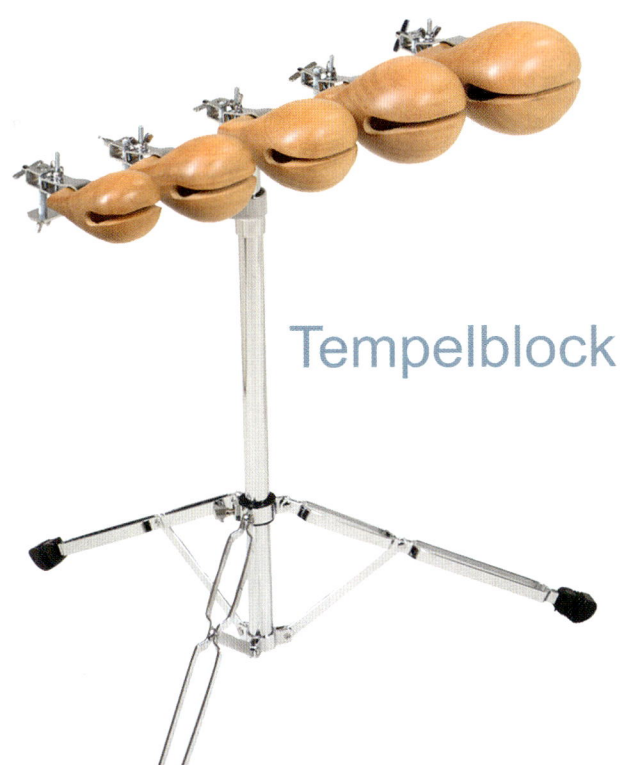

Tempelblock

Ratsche

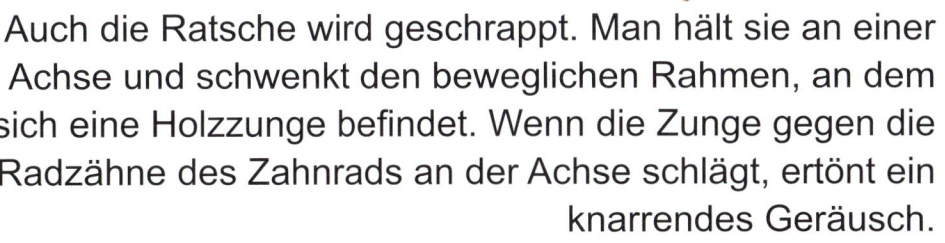

Auch die Ratsche wird geschrappt. Man hält sie an einer Achse und schwenkt den beweglichen Rahmen, an dem sich eine Holzzunge befindet. Wenn die Zunge gegen die Radzähne des Zahnrads an der Achse schlägt, ertönt ein knarrendes Geräusch.

...auch das sind Schlaginstrumente

Fellinstrumente bestehen aus dem Fell von Tieren, z.B. aus Kalbfell. Dieses wird gegerbt und dann mit Hilfe verschiedener Techniken auf das jeweilige Schlaginstrument gespannt.

Handtrommel

Tamburin

Mit dem Tamburin kann man zweierlei: Man kann auf das im Holzreifen eingespannte Fell schlagen und man kann es schütteln, dann klirren die Metallplättchen am Rand.

Die Pauke ist das bedeutendste Schlaginstrument im Orchester. Sie hat eine bestimmte Tonhöhe. Über einen so genannten Kessel aus Kunststoff oder Kupferblech ist eine Membran aus Kunststoff oder Kalbfell gespannt. Auf diese Membran, die unterschiedlich stark gespannt sein kann, schlägt der Spieler mit Schlägeln. In der Regel verwendet man die Pauke paarweise.

Pauke (Kesselpauke)

Conga

Die Conga ist eine Standtrommel mit ca. 70 cm Höhe. Man schlägt sie mit den gestreckten Fingern. Im Jazz und bei den lateinamerikanischen Tänzen kommt die Congatrommel bevorzugt zum Einsatz. Ihren Namen hat sie übrigens aus dem spanisch-amerikanischen Dialekt – da bedeutet das Wort Conga „Kreis".

Djembe

Bongos

Die Bongos, zwei kleine miteinander verbundene Trommeln mit unterschiedlichem Durchmesser, werden mit dem Handballen oder den Fingerkuppen geschlagen.

Schlagzeug

Keine Frage – das Schlagzeug ist in der Rock- und Popmusik außerordentlich wichtig. Dort und im Jazz nennt man es Drums. Folgende Schlaginstrumente ergeben ein so genanntes Set-up: Neben der Basstrommel (Bassdrum) gibt es die kleine Trommel (Snaredrum) und das Standtom (Tenordrum). Die Tom-Toms sind darüber befestigt. Zusätzlich gibt es die Hi-Hat-Maschine, das sind zwei Becken, die auf einem Ständer montiert sind und über einen Pedaltritt gegeneinandergeschlagen werden können, und noch andere Becken. Das gesamte Schlagzeug wird von einem Spieler (Drummer) mit Schlägeln, Stöcken, Besen und durch Treten der Pedale angeschlagen.

Trommeln zum Marschieren

Große Trommel

Bei Festzügen hört man sie schon von Weitem: die große Marschtrommel. Der Klang ist tief und deutlich dunkler als der der Landsknechtstrommel.

Landsknechtstrommel

Die Landsknechtstrommel, ein hölzerner oder metallener Zylinder, ist mit einem Fell (heutzutage ist es Kunststoff) bespannt. Man schlägt sie mit einem filzumwickeltem Schlägel.

Weitere Schlagwerke:
Timbales
Steeldrum

Alle Instrumente, die du bisher in diesem Buch kennengelernt hast, haben eines gemeinsam: Irgendetwas an ihnen muss zum Schwingen gebracht werden – eine Saite, eine Luftsäule, ein gespanntes Stück Fell …
Weißt du denn, was schwingt, wenn der Mensch sein ureigenstes Instrument benutzt – seine Stimme?

MUND AUF! – DIE MENSCHLICHE STIMME

Die menschliche Stimme gehört zu den herrlichsten Instrumenten, die es gibt. Und Singen macht Spaß. Aber weißt du auch, wie der Ton entsteht, wenn ein Mensch singt?

Der oberste Teil der menschlichen Luftröhre ist der Kehlkopf. Er wird von Knorpelstücken gestützt. Über den Kehlkopf spannen sich zwei Bänder, die Stimmbänder, die aus Bindegewebe bestehen. Diese Bänder werden beim Singen (und übrigens auch beim Sprechen) durch Muskeln in Spannung versetzt. Die sich verändernde Spannung der Stimmbänder beeinflusst die Öffnung der Stimmritze, durch die die Luft aus Lunge und Luftröhre herauskommt. Der Luftstrom und die Stimmbänder werden durch den Druck der austretenden Luft zum Schwingen gebracht, und es entsteht der Klang der Stimme, der durch so genannte Resonanzhöhlen in der Brust und im Kopf (also z.B. im Brustkorb oder im Mund) dann noch verstärkt wird. Je mehr Spannung die Stimmbänder haben, umso höher wird der erzeugte Ton. Die Tonhöhen der menschlichen Stimme sind in verschiedene Bereiche eingeteilt, die man Stimmlagen nennt: Sopran, Mezzosopran, Alt, Tenor, Bariton und Bass.

Da jeder Mensch unterschiedlich große und geformte Stimmbänder und Resonanzhöhlen hat, erzeugt er auch unterschiedliche Schallwellen und hat damit „seine" einzigartige Stimme sowie „seinen" Tonhöhenbereich, innerhalb dessen er singen kann.

Viele Menschen, die gerne singen, tun das in einem Chor. Es gibt unterschiedliche Chöre: Männerchöre, Frauenchöre, gemischte Chöre ...

Bei den Frauen- und Kinderchören werden die Sänger(innen) nach den Stimmlagen 1. Sopran, 2. Sopran und Alt unterteilt. Im Männerchor kommen die tiefen Stimmlagen dran: Hier teilt man ein in 1. Tenor und 2. Tenor sowie 1. und 2. Bass.

■ ■ ■ ■ Moment mal: ■ ■ ■ ■
Was ist ein Adamsapfel?

Bei manchen Männern hast du vielleicht schon mal den „Adamsapfel" gesehen: ein „Knubbel" am Hals, der mehr oder weniger hervortritt. Weißt du, was dieser Adamsapfel ist? Wie du im Abschnitt über die menschliche Stimme gelesen hast, ist der Kehlkopf der oberste Teil der Luftröhre und wird von Knorpelstücken gestützt. Wenn diese Knorpelstücke bei einem Mann am Hals zu sehen sind, nennt man das Adamsapfel. Aha!

■ ■ ■ ■ ■ ■ ■ ■ ■ ■ ■

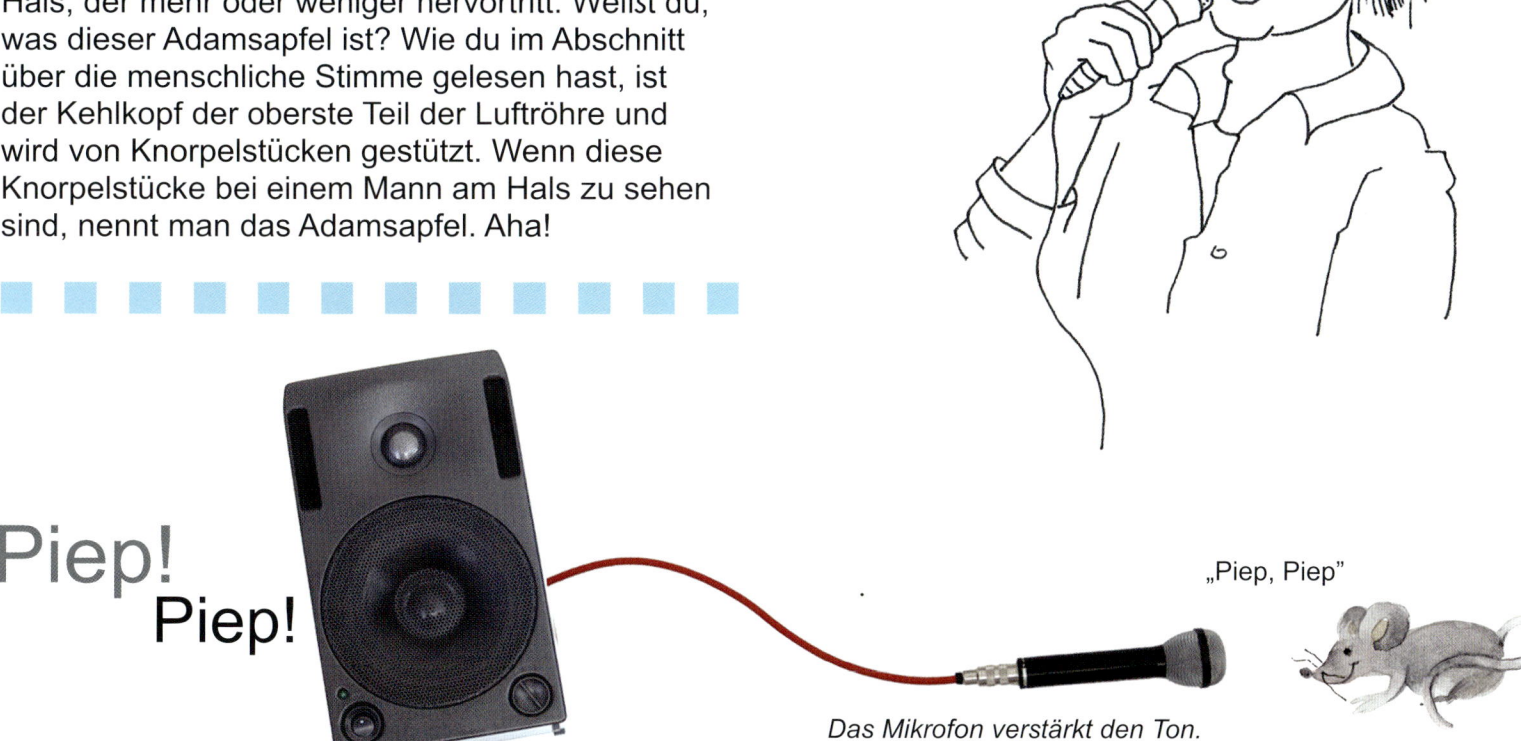

Piep!

Piep!

„Piep, Piep"

Das Mikrofon verstärkt den Ton.

107

IV. Sie schufen

Musik – Berühmte Komponisten

Bis jetzt haben wir uns mit der Geschichte der Musik beschäftigt und mit den Instrumenten, die Musik erzeugen. Jetzt geht es um die Personen, die sie gestaltet haben: um die Komponisten.
Sinfonien, Opern, Lieder ... – unzählige Musikstücke wurden von ihnen geschaffen. Dem einen ging es leicht von der Hand, der andere musste sich quälen.
Das Erbe, das sie uns hinterlassen haben, ist gewaltig, beeindruckend und (je nach Musikgeschmack) von hinreißender Schönheit.

Auf den folgenden Seiten findest du die Porträts von 25 Komponisten. Du erfährst, wann sie gelebt haben und welcher Epoche der Musikgeschichte man sie zuordnen kann, sowie viel Interessantes über ihr Leben und Werk. Schau gleich mal nach, ob du deinen Lieblingskomponisten hier findest!

Johann Sebastian Bach

Johann Sebastian Bach war einer der größten Komponisten überhaupt und ein Meister des Orgelspiels. Als Kind war er aber ein sehr, sehr armer Junge.

Als er zehn Jahre alt war, waren seine Eltern gestorben, und er musste zu seinem großen Bruder Johann Christoph ziehen, der als Organist arbeitete. Der Bruder, der ihm Klavierunterricht gab, hatte eine Sammlung mit Klavierstücken, die er aber dem kleinen Bruder noch nicht zum Spielen geben wollte. Was tat der junge Johann Sebastian? Er schrieb sich die Stücke heimlich nachts bei Mondschein ab! Die Noten waren für den begabten und lernbegierigen Jungen ein so unermesslicher Schatz, da musste er den Bruder einfach austricksen! Kurz bevor er mit dem Abschreiben fertig war, kam Johann Christoph ihm aber auf die Schliche ...

Bach wurde später dann Organist. Er war zweimal verheiratet und hatte insgesamt 20 Kinder, von denen aber einige leider nicht lange lebten. 1723 wurde Bach schließlich Thomaskantor in Leipzig, das war ein sehr hohes Amt.

Johann Sebastian Bach hat sehr viele Werke komponiert, z.B. das berühmte *Weihnachtsoratorium*, Choräle, Kantaten, Sonaten oder Konzerte wie z.B. die bekannten sechs *Brandenburgischen Konzerte*. Eines seiner berühmtesten Klavierwerke ist die aus zwei Teilen bestehende Klavierstück-Sammlung *Das Wohltemperierte Klavier*.

*Bach-Statue
in Leipzig*

*Handschriftliche Noten von Johann
Sebastian Bach:* Wie schön leuchtet
uns der Morgenstern.

Thomaskirche Leipzig

Georg Friedrich Händel

*London, im Jahre 1717:
Zur Thronbesteigung von König
Georg I. wurde auf der Themse
die berühmte* Wassermusik
*aufgeführt – ein musikalisches
Festereignis, komponiert von
Georg Friedrich Händel.*

Schon als junger Mann hatte Händel Erfolge mit seinen Opern. Rom, Venedig und Hannover waren u.a. die Stationen in seinem Leben als Musiker, bis er schließlich nach England zog. Zur Thronbesteigung des englischen Königs Georg I. schrieb er die *Wassermusik*, die auf der Themse erklang. Er unterrichtete die englischen Prinzessinnen, wozu er eigens Cembalo-Stücke schrieb, und leitete die königliche Oper am Haymarket.
Händel hat u.a. 42 Opern, z.B. *Giulio Cesare*, viele Orgel- und andere Konzerte sowie zahlreiche Oratorien, z.B. den berühmten *Messias*, komponiert. 1749 schrieb er zur Feier des Aachener Friedensvertrags die berühmte *Feuerwerksmusik*.

Antonio Vivaldi

Kennst du *Die vier Jahreszeiten* von Antonio Vivaldi?
Sie gehören zu den schönsten und berühmtesten Werken
in der klassischen Musik. Jede Jahreszeit wurde dabei
von Vivaldi als ein dreisätziges Konzert für eine Violine
und ein Streichorchester mit Basso Continuo komponiert.
Vivaldi, der aus Venedig stammte, komponierte aber noch
viele andere Werke, so z.B. Streicherkonzerte,
viele Instrumentalkonzerte, Opern und geistliche Musik.

*Vivaldis
Heimatstadt
Venedig*

Joseph Haydn

Kennst du die Melodie von der deutschen Nationalhymne? Weißt du, wer sie komponiert hat? Joseph Haydn war es, allerdings hatte er die Melodie damals, 1797, als österreichische Kaiserhymne geschrieben.

Er kam in dem niederösterreichischen Dorf Rohrau auf die Welt, wo sein Vater als Wagenbauer arbeitete und die Familie jeden Abend musizierte.

Haydns Stimme war so schön, dass er mit acht Jahren sogar im Wiener Stephansdom als Chorknabe singen durfte. Die Chorknaben dort hatten es nicht leicht, denn sie hatten als Sänger sehr viel zu tun und bekamen so wenig zu essen, dass sie ganz wild darauf waren, zu weltlichen Festen zu singen – dort durften sie wenigstens ordentlich Kuchen essen!

Als Haydn mit 17 in den Stimmbruch kam, warf man ihn einfach aus der Domkapelle hinaus. Als Geiger in kleinen Kapellen, Klavierlehrer, Komponist von leichten Stücken u.a. verdiente er sich sein Geld. 1761 trat er schließlich in den Dienst des mächtigen Fürsten Esterházy, bei dem er fünf Jahre später erster Kapellmeister wurde.

Haydn, der mit Mozart eng befreundet war, war ein großer und sehr fleißiger Komponist. Er hat den Grundstein für die so genannte Wiener Klassik gelegt und maßgeblich zur Entwicklung der bedeutendsten Gattungen der Instrumentalmusik seines Jahrhunderts beigetragen, z.B. bei der Sinfonie und bei der Sonatenhauptsatzform. Eine unglaublich große Anzahl von Werken hat er geschrieben, so z.B. 108 Sinfonien, 68 Streichquartette, 52 Klaviersonaten, aber auch Lieder, Messen (z.B. die *Cäcilienmesse*) und Oratorien (z.B. *Die Schöpfung* und *Die Jahreszeiten*).

Die Melodie der deutschen Nationalhymne hat Joseph Haydn komponiert, der Text stammt von August Heinrich Hoffmann von Fallersleben.

Ludwig van Beethoven

Beethoven hatte es schon als Kind nicht leicht. Seine Familie in Bonn war arm, und sein Vater, der trunksüchtig war, wollte gern ein Klavier-Wunderkind aus dem Jungen machen. Christian Gottlob Neefe, der Lehrer des jungen Ludwig van Beethoven, förderte das Talent seines Schützlings und war ihm zugleich auch ein väterlicher Freund. Er ließ ihn z.B. aus Bachs *Wohltemperiertem Klavier* spielen und machte den erst Zwölfjährigen zu seinem Vertreter in seinem Amt als Hoforganist.

1787 wollte Beethoven bei Mozart in die Lehre gehen, doch weil seine Mutter krank war, musste er die Stadt Wien wieder verlassen. Fünf Jahre später brach er wieder nach Wien auf, lernte bei Haydn, Salieri u.a. und wurde dort ein sehr angesehener Komponist, Pianist und Lehrer und berühmt für seine Improvisationen.
Dann, ab 1796, passierte etwas Schlimmes:
Er verlor nach und nach sein Gehör und wurde schließlich taub – kannst du dir vorstellen, was das für einen Musiker bedeutet? Trotzdem komponierte er weiter.

So sahen die beiden Hörrohre aus, die Beethoven bei seiner fortschreitenden Schwerhörigkeit verwendete.
Um das Jahr 1814 konnte er nicht mehr als Pianist öffentlich auftreten – selbst wenn die Leute ihn anschrieen, konnte er nichts mehr verstehen.

Beethoven schrieb überwiegend Instrumentalmusik, darunter seine berühmten neun Sinfonien, 16 Quartette u.a., aber auch z.B. die *Missa solemnis* und die berühmte Oper *Fidelio*.
Er war außerordentlich selbstbewusst.
Hier ein Beispiel: Als sein Bruder Johann, der Besitzer eines Landguts und darauf sehr stolz war, einen Brief an den Bruder Ludwig mit „Johann van Beethoven, Gutsbesitzer" unterzeichnete, unterschrieb dieser seinerseits den Antwortbrief mit „Ludwig van Beethoven, Hirnbesitzer." Und da hatte er ja auch recht!

An die Freude

Das berühmte Theater an der Wien: Hier wurde 1805 die 1. Fassung von Beethovens Oper Fidelio *aufgeführt.*

K.K.P. THEATER AN DER WIEN. N°68. THÉATRE I.R.P. À LA VIENNE.

A Vienne chez Tranquillo Mollo.

Freude, schöner Götterfunken,
Tochter aus Elisium,
Wir betreten feuertrunken,
himmlische, dein Heiligthum.
Deine Zauber binden wieder,
was die Mode streng getheilt,
alle Menschen werden Brüder,
wo dein sanfter Flügel weilt.
Seyd umschlungen, Millionen!
Diesen Kuß der ganzen Welt!
Brüder – überm Sternenzelt
muß ein lieber Vater wohnen ...

Friedrich von Schiller

Ein Auszug aus Schillers Gedicht An die Freude, *dessen Vertonung ein Höhepunkt in Beethovens 9. Sinfonie ist.*

Freu - de, schö - ner Göt - ter - fun - ken, Toch - ter aus E - li - si - um,

Wir be - tre - ten feu - er - trun - ken, himm - li - sche, dein Hei - lig - thum!

Wolfgang Amadeus Mozart

Joannes Chrysostomus Wolfgangus Theophilus. So wurde der am 27. Januar um acht Uhr abends im Jahr 1756 geborene Sohn von dem Salzburger Ehepaar Anna Maria und Leopold Mozart getauft, und zu diesem Zeitpunkt ahnte wohl noch keiner, dass dieser kleine neue Erdenbürger einmal einer der größten Komponisten überhaupt werden würde.

Mozarts Vater, der selbst ein erfolgreicher Musiker war, erkannte aber schon bald, dass sein Sohn sehr talentiert war. Der kleine Wolfgang hatte schon mit vier Jahren Unterricht im Klavierspiel und in Komposition. Sein erstes Menuett hat er mit fünf Jahren geschrieben – ein Wunderkind! Wolfgangs Schwester Maria Anna, die „Nannerl", war fünf Jahre älter und eine hervorragende Pianistin.

Ab 1762 ging die Familie nun auf Reisen, und die beiden Wunderkinder zeigten ihr Können, meist an verschiedenen Höfen und in Adelskreisen in Europa. Der kleine Wolfgang beeindruckte sein Publikum. Seine Kompositionen, sein Klavierspiel und seine Improvisationen hatten großen Erfolg. Als er bei der Kaiserfamilie in Wien vorspielen durfte, wollte der Kaiser wissen, ob er auch mit verdeckter Tastatur ein Klavierstück spielen könne – kein Problem für den damals noch nicht einmal sieben Jahre alten Wolfgang.

Wolfgang und Nannerl Mozart mit ihrem Vater Leopold.

Mit 14 Jahren war Mozart in Rom, wo er in der Sixtinischen Kapelle ein berühmtes Stück, das Miserere von Gregorio Allegri, hörte. Sein Musikgedächtnis war so hervorragend, dass er die Musik nach der Aufführung einfach so aus dem Gedächtnis niederschreiben konnte! Nachdem er eine Weile dem Salzburger Fürsterzbischof als Konzertmeister gedient hatte, ging der erwachsene Mozart 1781 nach Wien und lebte dort als freier Musiker. Mozart war ein Mensch, der das Vergnügen liebte und der für Späße und Witze gern zu haben war, auch wenn es einmal derb wurde. In Wien hatte er oft Geldsorgen, obwohl er eigentlich gut verdiente. Als er 1791 starb, war er erst 35 Jahre alt.

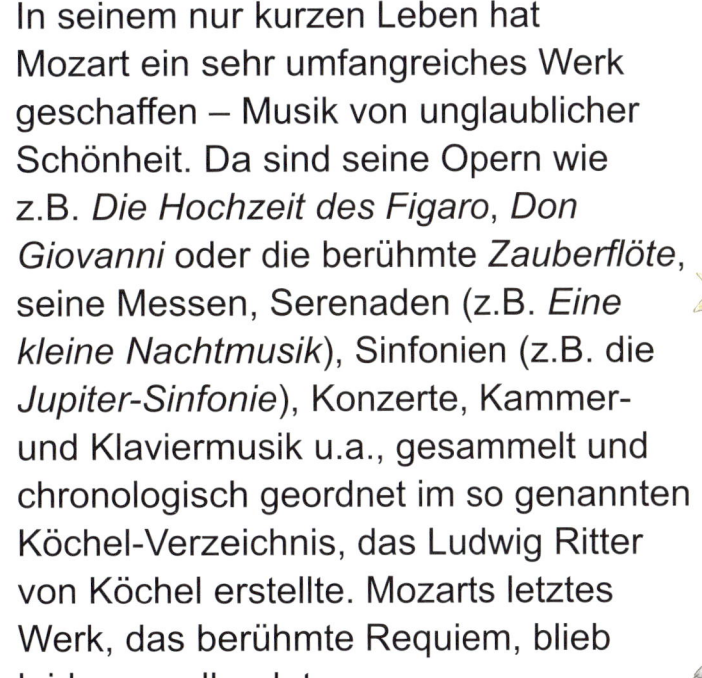

In seinem nur kurzen Leben hat Mozart ein sehr umfangreiches Werk geschaffen – Musik von unglaublicher Schönheit. Da sind seine Opern wie z.B. *Die Hochzeit des Figaro*, *Don Giovanni* oder die berühmte *Zauberflöte*, seine Messen, Serenaden (z.B. *Eine kleine Nachtmusik*), Sinfonien (z.B. die *Jupiter-Sinfonie*), Konzerte, Kammer- und Klaviermusik u.a., gesammelt und chronologisch geordnet im so genannten Köchel-Verzeichnis, das Ludwig Ritter von Köchel erstellte. Mozarts letztes Werk, das berühmte Requiem, blieb leider unvollendet.

Der fröhliche Vogelfänger Papageno und die eindrucksvolle, rachsüchtige Königin der Nacht aus Mozarts Zauberflöte.

Carl Maria von Weber

Hast du gewusst, dass Carl Maria von Weber
der Cousin von Mozarts Frau Constanze
war? So klein ist die Welt, auch in der Musik!
Webers Jugend verlief äußerst lebhaft, denn
sein Vater hatte eine Schauspieltruppe, mit der
er durchs Land zog.
1797 bekam Carl Maria Kompositionsunterricht
von Michael Haydn, und 1804 war er schon
Kapellmeister in Breslau.
Weber gehört zu den Begründern der
romantischen Oper. An seiner berühmten Oper
Der Freischütz, die sein größter Erfolg
wurde, hat er elf Jahre lang gearbeitet!

Richtig schaurig ist die Stimmung, wenn in
diesem Bühnenwerk um Mitternacht in der
Wolfsschlucht die so genannten Freikugeln
gegossen werden. Man bekommt fast eine
Gänsehaut! Weitere Werke von Weber, der
1826 in London starb, sind z.B. die Opern
Euryanthe und *Oberon*.

Eine unheimliche Bühnenbild-Szene aus Webers Oper
Der Freischütz: *Um Mitternacht in der Wolfsschlucht
werden die Freikugeln gegossen – das sind Kugeln,
die immer ihr Ziel treffen.*

Franz Schubert

Der Lindenbaum

Am Brunnen vor dem Tore,
Da steht ein Lindenbaum:
Ich träumt in seinem Schatten
So manchen süßen Traum …

So beginnt Schuberts Lied Der Lindenbaum
aus dem Liederzyklus Die Winterreise. *Der Text*
stammt von Wilhelm Müller.

Als der junge Franz Schubert von dem Hoforganisten Wenzel Ruzicka Kompositionsunterricht erhalten sollte, sagte dieser nach der zweiten Stunde: „Dem kann ich nichts lehren,
der hat's vom lieben Gott gelernt."

Schubert, der eine gute musikalische Ausbildung erhalten hatte und ab 1818 als freier Künstler
in Wien lebte, komponierte unglaublich viel. Er hatte z.B. die wunderbare Fähigkeit, in den Text
eines Liedes hineinzuspüren und das Empfundene dann in seiner Vertonung wiederzugeben.
Mehr als 660 Lieder hat er komponiert, so z.B. die Liederzyklen *Die Winterreise* und *Die schöne*
Müllerin. Sehr bekannt sind die siebte seiner acht Sinfonien, die so genannte *Unvollendete*, und
das *Forellenquintett*.

Schuberts Musik stellt den Beginn der Romantik dar. Zu Lebzeiten war er nicht berühmt, nur ein
kleiner Kreis von Künstlerfreunden um ihn herum war von seinen Werken überzeugt. Lustig ging
es sicher zu, wenn er sich mit diesen zu den abendlichen „Schubertiaden" traf, bei denen man
tanzte und trank, aber auch Musikstücke von Schubert spielte. Als der Komponist mit 31 Jahren
an Typhus starb, wurde er in der Nähe von Ludwig van Beethoven begraben.

Frédéric (Fryderyk) Chopin

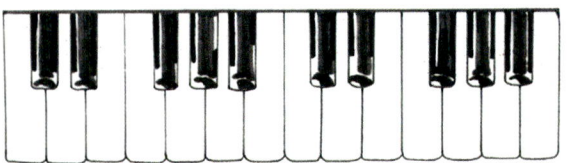

Im Mittelpunkt von Chopins Schaffen steht das Klavier. Schon als 3-Jähriger fing er an, Melodien auf dem Klavier nachzuspielen und sich sogar selbst kleine Musikstücke auszudenken. So sorgten seine Eltern schon bald dafür, dass er in Warschau, wo die Familie damals lebte, Klavierunterricht bekam. Chopins erste offizielle Komposition war eine Polonaise in g-Moll, und da war er sieben Jahre alt. Bald weckte das Wunderkind das Interesse der Adligen, vor denen er als Pianist auftrat.

Unter Frédérics Gönnern war sogar der Bruder des russischen Zaren, Großfürst Konstantin!

Als Chopin 1831 nach Paris ging, war man in der dortigen Musikszene von seinem Können begeistert. Er stand als Klavierlehrer hoch im Kurs und verdiente viel Geld. 1836 lernte er durch Franz Liszt die Romanschriftstellerin George Sand kennen, mit der er mehrere Jahre zusammenlebte und einen Winter auf der Insel Mallorca verbrachte. Leider ging es mit seiner Gesundheit immer weiter bergab.

Als er 1849 an Lungentuberkulose starb, wurde bei seiner Totenfeier Mozarts Requiem gespielt.

Chopins Schaffen konzentrierte sich aufs Klavier. Er schrieb entweder Stücke, die direkt fürs Klavier bestimmt waren, oder Werke, in denen das Klavier eine tragende Rolle spielt. Sein Verständnis für dieses Instrument war ein unglaubliches Phänomen, und seine Kompositionen stellten mit ihrer Harmonik, den Verzierungen und ihrem Ausdruck eine Bereicherung des Klavierstils dar. Beeindruckend sind z.B. die Klaviersonate b-Moll, die den berühmten *Trauermarsch* enthält, und h-Moll, seine brillanten Etüden und die Impromptus, Préludes und Nocturnes. Ein Zeichen für die Verbundenheit mit seiner Heimat sind seine Polonaisen und Mazurken, stilisierte polnische Tänze.

Robert Schumann

Robert Schumann war doppelt begabt: schriftstellerisch und musikalisch. Zunächst studierte er Jura, entschied sich aber dann für die Musik. Er wollte ein Klaviervirtuose werden und nahm Klavierunterricht bei Friedrich Wieck. Doch der Traum war bald zu Ende: Um sein Klavierspiel zu verbessern, benutzte Schumann eine spezielle Apparatur, die angeblich zur Förderung der Spieltechnik dienen sollte. Das Gegenteil trat jedoch ein, denn er bekam davon eine Lähmung an der rechten Hand! Also konzentrierte er sich jetzt aufs Komponieren. Herrliche Klavierwerke hat der romantische Komponist geschrieben, darunter z.B. *Carnaval*, *Papillons*, *Kreisleriana* und sein berühmtes *Album für die Jugend*, das unzähligen Klavierschülern ein Begriff sein dürfte. Schumann war auch ein bedeutender Musikschriftsteller und gründete die *Neue Zeitschrift für Musik*.

1840 heiratete er Clara Wieck, die Tochter seines Klavierlehrers, die selbst sowohl eine hervorragende und berühmte Pianistin als auch kompositorisch tätig war.
Eine Frau als Komponistin – das war in der damaligen Zeit etwas ganz Besonderes!
Im Jahr seiner Hochzeit schrieb Schumann mehr als 130 Lieder, so z.B. den Liederzyklus *Dichterliebe* nach Gedichten von Heinrich Heine. Erst später wendete er sich der Orchestermusik zu und schrieb z.B. vier Sinfonien, darunter die so genannte *Rheinische*.

Ferdinand

Eugenie

Eine große Kinderschar: Clara und Robert Schumann hatten vier Töchter und vier Söhne.
Auf diesem Bild siehst du, wie die Kinder ca. im Jahr 1855 ausgesehen haben könnten. Emil, der älteste Sohn, ist hier nicht dabei, denn er wurde leider nur knapp ein Jahr alt.

Felix

Elise   Marie   Julie

Ludwig

Doch der sensible Komponist verfiel immer häufiger in Schwermut. Seine Gemütskrankheit wurde so schlimm, dass er sich 1854 in den Rhein stürzte, um sich das Leben zu nehmen.
Ein paar Schifferknechte zogen ihn wieder an Land. Robert Schumann wurde nach diesem Selbstmordversuch in eine Nervenheilanstalt gebracht, in der er dann zwei Jahre später starb.

Franz Liszt

Franz Liszt war ein berühmter Komponist und
ein hervorragender Pianist, der sehr viele Reisen
unternahm. Sein Klavierspiel, bei dem er seinen
Gefühlen freien Lauf ließ, sodass z.B. seine Haare
nur so ums Gesicht herumflogen, begeisterte das
Publikum unglaublich.
Als Hofkapellmeister in Weimar hatte er einen großen
Kreis von Schülern um sich versammelt.
Mit seinen sinfonischen Dichtungen wie z.B. *Mazeppa*
oder der *Faust-Sinfonie* hat er in der Orchestermusik
eine neue Gattung geschaffen, und seine Klaviermusik
(z.B. die 19 *Ungarischen Rhapsodien* oder der
Mephisto-Walzer) war für die damalige Zeit auch
etwas ganz Neues. Liszts Tochter Cosima wurde
übrigens die Ehefrau des Komponisten Richard
Wagner.

*Franz Liszt ließ seinen Gefühlen am
Klavier freien Lauf ...*

126

Richard Wagner

Wagner wurde 1813 in Leipzig geboren. Die Musikgeschichte verdankt ihm die Erschaffung des Musikdramas. Der bayerische König Ludwig II. war sein Gönner und ließ für ihn ein Festspielhaus in Bayreuth erbauen, das 1876 mit der ersten Gesamtaufführung des *Ring des Nibelungen* (ein aus den vier Opern *Das Rheingold*, *Die Walküre*, *Siegfried* und *Götterdämmerung* bestehender Opernzyklus) eingeweiht wurde.

Weitere Werke Wagners sind z.B. die Opern *Parsifal*, *Tristan und Isolde*, *Der Fliegende Holländer* und *Die Meistersinger von Nürnberg*.

Festspielhaus Bayreuth

1876 wurde es eingeweiht: Das Festspielhaus in Bayreuth.

Bedřich Smetana

Schon als 8-Jähriger komponierte Bedřich Smetana sein erstes Musikstück, einen Galopp. Ab 1843 arbeitete er als Musiklehrer in Prag. Smetana leitete für einige Zeit die Philharmonische Gesellschaft in Göteborg und kehrte 1861 nach Prag zurück, wo er dann den Plan eines Nationaltheaters in die Tat umsetzte und sich um die tschechische Musik sehr verdient gemacht hat. 1874 wurde er taub und von einem unerträglichen Pfeifen und Rauschen in seinem Kopf gequält, doch er hörte nicht auf zu komponieren.
Zu seinen berühmtesten Werken gehört *Mein Vaterland*, ein herrlicher Zyklus sinfonischer Dichtungen, dessen Teil *Die Moldau* besonders bekannt ist. Seine beliebte Oper
Die verkaufte Braut wird noch heute in vielen Opernhäusern aufgeführt.

VLTAVA = Moldau

128

Modest Mussorgskij

Modest Mussorgskij kam in Russland, nahe an der litauischen Grenze, zur Welt. Seine „Njanja", eine Kinderfrau, erzählte dem Jungen russische Märchen, und seine Mutter gab ihm den ersten Klavierunterricht. Das, was er zum Komponieren brauchte, brachte Mussorgskij sich weitgehend selbst bei. Zusammen mit Alexandr Borodin, César Cui, Nikolaj Rimskij-Korsakow und Milij Balakirew bildete er das so genannte „mächtige Häuflein", auch „Gruppe der Fünf" genannt, das die Volksmusik in die russische Kunstmusik mit einbeziehen wollte.

Zu Mussorgskijs wichtigsten Werken gehören die Oper *Boris Godunow*, der Klavierzyklus *Bilder einer Ausstellung* (der übrigens später von Maurice Ravel instrumentiert wurde) und die eindrucksvolle, herrlich schaurige sinfonische Dichtung *Eine Nacht auf dem Kahlen Berge*.

Das große Tor von Kiew heißt ein Stück in Modest Mussorgskijs Klavierzyklus Bilder einer Ausstellung. Wenn man diese eindrucksvolle Musik hört und die Augen dabei schließt, sieht man die Mauern des Tores fast schon vor sich. Ob es wohl so aussehen könnte?

Johannes Brahms

Es gibt ein wunderschönes Lied, das heißt *Guten Abend, gut' Nacht*.
Vermutlich kennst du es schon. Die Musik zu dem Lied stammt von Johannes Brahms.
Der Komponist wurde in Hamburg geboren. Nachdem er seine Musikausbildung
erhalten hatte und eine Weile als Pianist aufgetreten war, lernte er 1853 Robert
Schumann kennen, der ihn in einem Zeitschriftenartikel als Komponisten sehr lobte.
1862 begab Brahms sich nach Wien. Dort lebte er dann überwiegend als freier
Komponist. Das konnte er sich auch leisten, denn mit seinen Werken (vor allem mit
beliebten Liedern und Klavierwerken, so z.B. den *Ungarischen Tänzen*) verdiente er
viel Geld.
Brahms hat mehr als 200 Lieder, vier Sinfonien, Chorwerke, *Ein deutsches Requiem*,
zwei Klavierkonzerte, ein berühmtes Violinkonzert, Klavierstücke, Kammermusik
u.a. geschrieben. Mit der berühmten Pianistin Clara Schumann, der Frau von Robert
Schumann, war Brahms eng befreundet.

Gu-ten A - bend, gut' Nacht! Mit Ro-sen be- dacht, mit Näg-lein be -
steckt, schlupf un - ter die Deck! Mor-gen früh, wenn Gott will, wirst du
wie-der ge - weckt, mor-gen früh, wenn Gott will, wirst du wie-der ge - weckt!

Text: volkstümlich
Musik: Johannes Brahms

Zeichnung: Willy von Beckerath

Guten Abend, gut´ Nac

Peter (Piotr) Tschaikowsky

Wenn du dich für Ballett interessierst, hast du vielleicht schon einmal den *Nussknacker*, *Dornröschen* oder *Schwanensee* im Fernsehen oder sogar auf der Bühne gesehen – Ballettstücke, deren bezaubernde und ergreifende Musik von Peter Tschaikowsky stammt. Das ist aber längst nicht alles, was dieser große russische Komponist geschaffen hat.

Geboren wurde Tschaikowsky in Wotkinsk, nahe an der sibirischen Grenze. Er war ein sehr empfindsames Kind. Obwohl die Musik ihn schon als kleinen Jungen faszinierte, entschied er sich erst als junger Erwachsener, Musiker zu werden. Seine Werke wurden bekannt, und er unternahm viele Reisen. Tschaikowsky, der ein sehr sensibler Künstler war, hatte eine Gönnerin, Frau Nadeschda Filaretowna von Meck, die ihm eine Pension gewährte, sodass er frei arbeiten konnte.

Neben seinen bekannten Balletten komponierte Tschaikowsky u.a. mehrere Sinfonien (z.B. die *Pathétique* und die 4. Sinfonie mit dem berühmten *Pizzicato-Scherzo*), das berühmte Klavierkonzert b-Moll, die Oper *Eugen Onegin*, das *Capriccio italien* und ein wunderschönes Violinkonzert.

Tschaikowsky komponierte herrliche Ballettmusik.

131

Antonín Dvořák

Romantisch: In der Gartenlaube von seiner Sommerresidenz „Vysoká" hat Dvořák viele seiner Werke geschrieben.

An der Moldau liegt ein kleines böhmisches Dorf mit dem Namen Nelahozeves. Hier, in der Gaststätte des Dorfes, kam am 8. September 1841 Antonín Dvořák, der Sohn des Metzgers und Gastwirtes František Dvořák, zur Welt.

Als Schüler erhielt Antonín seinen ersten Geigenunterricht, und er lernte sehr schnell. So durfte er schon bald in der Dorfkirche von Nelahozeves ein Geigensolo spielen (da war er sehr, sehr aufgeregt!), und auch in der Dorfkapelle war er dabei. Als er schließlich 1859 mit seiner Ausbildung an der Orgelschule in Prag fertig war, war er der Zweitbeste seines Jahrgangs. 1871 ging Dvořák mit seinen Werken an die Öffentlichkeit und hatte bald großen Erfolg.

Als man ihm anbot, Direktor des New Yorker Konservatoriums zu werden, ging er nach Amerika, wo auch seine berühmte Sinfonie *Aus der Neuen Welt* entstand. Er blieb dort bis 1895 und kehrte dann in seine Heimat zurück.

Mehr als 200 Werke hat dieser bedeutende tschechische Komponist geschrieben, darunter z.B., neben der bereits erwähnten Sinfonie und die Oper *Rusalka*, die berühmten *Slawischen Tänze*.

Giuseppe Verdi (1813 – 1901)

Geboren wurde Verdi in dem kleinen Dorf Le Roncole in Oberitalien.
Seine Mutter war Spinnerin und sein Vater ein Gastwirt. Ein Mäzen,
das ist ein großzügiger Gönner, verhalf ihm zum Musikunterricht.
Dieser Mäzen wurde später sein Schwiegervater.
Giuseppe Verdi war einer der bedeutendsten und besten
Opernkomponisten und hat insgesamt 26 Opern geschrieben, darunter
so berühmte Werke wie *Nabucco*, *La Traviata* oder *Der Troubadour*.
Ein sehr beeindruckendes und berühmtes Werk ist die Oper *Aida*,
die im alten Ägypten spielt.

Johann Strauß (Sohn) (1825 – 1899)

*Im Hintergrund siehst du die Noten zu einem
der schönsten Walzer von Johann Strauß (Sohn):
An der schönen blauen Donau.*

Schon sein Vater gleichen Namens war ein erfolgreicher
Musiker, doch der „Walzerkönig" Johann Strauß (Sohn) hat
ihn bei Weitem überflügelt. Etwa 160 Walzer wie z.B.
An der schönen blauen Donau oder den *Kaiserwalzer* hat
der Wiener Kapellmeister und Komponist, der von Russland
bis Amerika in aller Welt berühmt war, verfasst, daneben
Operetten wie das weltbekannte Meisterwerk
Die Fledermaus.

Claude Debussy

Debussy wurde in dem französischen Ort
Saint-Germain-en-Laye geboren, wo seine Eltern
in einem kleinen Laden Steingut und Porzellan
verkauften. Seine Mutter war eine jähzornige
und herrische Frau, eine Schule hat er leider
nie besucht. Viel besser gefiel es ihm bei seinen
Paten in Saint-Cloud und in Cannes. Ein alter
italienischer Lehrer gab dem Jungen auch in
Cannes den ersten Klavierunterricht.

Es war ein Glück für Debussy, dass eine Dame
aus vornehmen Kreisen schließlich beim
Vorspielen auf seine Begabung aufmerksam
wurde. Madame de Fleurville, so hieß diese Dame,
unterrichtete den Jungen nun höchstpersönlich,
und das so gut, dass er zwei Jahre später am
Pariser Conservatoire aufgenommen wurde.
Für seine Kantate *L'enfant prodigue* bekam er
1884 einen Preis.

Der Kontakt zu Literaten und das Kennenlernen z.B. von früher Jazzmusik auf der Weltausstellung in Paris 1889 beeinflussten seine Kompositionen, die ihn zum Vertreter einer neuen Stilrichtung, nämlich des Impressionismus, machten. Berühmt sind u.a. Orchesterstücke wie z.B. *La mer* oder *Prélude à l'après midi d'un faune*, das berühmte Klavierstück *Clair de lune* in der *Suite bergamasque* und natürlich die Oper *Pelléas et Mélisande*.

Bonjour!

Bienvenu à Paris!

1889 fand in Paris die große Weltausstellung statt – Debussy lernte dort die Jazzmusik kennen. Eigens für diese Weltausstellung hatte der französische Ingenieur Alexandre Gustave Eiffel den berühmten Eiffelturm konstruiert.

Sergej Prokofjew

Sergej Prokofjew stammt aus der Ukraine. Er hat überwiegend Werke für die Bühne komponiert, z.B. die Opern *Krieg und Frieden* oder *Die Liebe zu den drei Orangen* und das berühmte Ballett *Romeo und Julia* (nach dem gleichnamigen Drama von Shakespeare), dessen Musik voller Gefühle und Leidenschaft ist, aber auch u.a. Sinfonien, Klavierstücke, Klavierkonzerte und das ebenso spannende wie eindrucksvolle sinfonische Märchen *Peter und der Wolf*.

In seinem sinfonischen Märchen Peter und der Wolf *hat Sergej Prokofiew den „Hauptpersonen" jeweils ein bestimmtes Instrument zugeordnet: für Peter die Geige, für den Wolf das Waldhorn und für den Vogel die Querflöte. Weiter erklingen für die Katze die Klarinette, für die Ente die Oboe, für den Großvater das Fagott und für die Jäger die Pauken.*

Carl Orff

Carl Orff war nicht nur ein Komponist, sondern auch ein bedeutender Musikpädagoge.
Mit seinem *Schulwerk* hat er eine neue Basis für die musikalische Früherziehung geschaffen.
Die grundlegenden fünf Bände *Orff-Schulwerk. Musik für Kinder* wurden von ihm in Zusammenarbeit mit Gunild Keetman in der Zeit von 1950 bis 1954 veröffentlicht. Das so genannte Orff-Instrumentarium besteht überwiegend aus Schlaginstrumenten und Stabspielen.
Die Verbindung von Musik, Sprache und Bewegung war für Orff der Ausgangspunkt für seine Schul- und Bühnenwerke. Zu seinen berühmtesten Werken gehören die *Carmina Burana* wie auch die Märchenstücke *Die Kluge* und *Der Mond*.

Carl Orff im Jahr 1938, mit der Partitur der Carmina Burana.

Carl Orff im Jahr 1937

Moment mal: Wo bleiben die Frauen?

Wenn du dieses Kapitel aufmerksam durchgelesen hast, ist dir vielleicht etwas aufgefallen: Es ist kein einziges Porträt von einer Komponistin dabei!

Natürlich können Frauen auch komponieren. Nur war es in der Vergangenheit leider so, dass das Komponieren als Berufstätigkeit ebenso wie viele andere Berufe eine Domäne der Männer war. Die Möglichkeit, eine Begabung zum Beruf zu machen, blieb – bis auf wenige Ausnahmen – den meisten Frauen in den meisten Berufen verwehrt. Und wenn eine Frau z.B. Klavier- oder Gesangsunterricht erhielt, war dies leider in der Regel mehr „für den Hausgebrauch" als für eine musikalische Karriere gedacht. Deshalb finden sich in der Vergangenheit kaum berühmte Komponistinnen.

Kein Mensch kann sagen, wie viele schöne und wunderbare Melodien der Welt dadurch bisher entgangen sind. Trotzdem gab es aber Frauen, die komponiert haben: Clara Schumann, Alma Mahler-Werfel oder auch Hildegard von Bingen, um nur mal drei von ihnen zu nennen. Sie waren aber Ausnahmeerscheinungen.

Gott sei Dank leben wir heute in einer Zeit, in der den Frauen unseres Kulturkreises viel mehr Wege offenstehen als früher. In der eine talentierte Frau eben auch Komponistin werden und ihr Können unter Beweis stellen kann, wenn sie das möchte. Wurde auch Zeit!

Die Komponistinn

Hildegard von Bingen

Die heilige Hildegard von Bingen war in mehreren Gebieten zu Hause: in der Heilkunde, in der Dichtkunst und in der Musik.
Sie leitete als Äbtissin das Benediktinerinnenkloster Rupertsberg bei Bingen und gilt als die erste deutsche Mystikerin. Als Komponistin und Dichterin hat sie mehr als 70 Lieder und ein Singspiel verfasst.

*Ein Hildegard-Bild aus der Abtei
St. Hildegard, Rüdesheim-Eibingen.*

So sahen Noten zur Zeit der Hildegard von Bingen aus.

Clara Schumann, geb. Wieck

Clara Schumanns erste Komposition wurde 1831 veröffentlicht. Schon als junges Mädchen war sie eine europaweit bekannte Pianistin.

Seit 3 Tagen habe ich wieder angefangen eine Stunde Tonleitern und Uebungen zu spielen, damit ich nur wenigstens nicht Alles verlerne ...

Clara Schumann 1841

Clara und Robert Schumann

Als sie im Jahr 1840 den berühmten Komponisten Robert Schumann heiratete und mit ihm eine große Familie gründete, konnte sie jedoch kaum noch Zeit für die Musik erübrigen. Nach dem Tod ihres Mannes hörte sie auf zu komponieren – als Meisterin auf dem Klavier blieb sie weiterhin berühmt. Komponiert hat Clara Schumann Lieder, Kammermusik, Klavierstücke und ein Klavierkonzert, das 1835 in Leipzig uraufgeführt wurde.

Alma Mahler-Werfel, geb. Schindler

Alma Mahler-Werfel wurde in Wien geboren. Sie wollte Dirigentin werden und war eine sehr begabte Komponistin: Schon als 20-Jährige hatte sie über 100 Lieder, einige Instrumentalstücke sowie den Entwurf für eine Oper verfasst. Als sie jedoch 1902 den berühmten Komponisten Gustav Mahler heiratete, verbot dieser ihr acht Jahre lang das Komponieren. Alma Mahler-Werfel führte ein sehr bewegtes Leben, und das immer an der Seite eines berühmten Mannes: Nach Gustav Mahlers Tod heiratete sie den bekannten Architekten Walter Gropius, danach den Dichter Franz Werfel.

Bildquellen-Verzeichnis

Wir danken folgenden Personen und Institutionen für ihre freundliche Unterstützung: Lisa Katefidis, Lisa Debschütz, Uwe Schuh,
Martin Schuh, Meilu Wu, Erwin Lehn, Jürgen Wunn, Fabian Friedrich, Günter Schreiber, Magdalene Popp-Grilli, Pia Kirn, Moritz Schmidgall.

Ende